逆境生长，

成就人生

NIJING SHENGZHANG
CHENGJIURENSHENG

经历过逆境并能扛得住逆境的人，
一定拥有非凡的耐力和毅力，总有一天会走向成功。

浩晨·天宇◎编著

中国言实出版社

图书在版 编目(CIP)数据

逆境生长，成就人生 / 浩晨·天宇编著. -- 北京 ：中国言实出版社，2017.1
ISBN 978-7-5171-2212-8

Ⅰ．①逆… Ⅱ．①浩… Ⅲ．①成功心理—通俗读物 Ⅳ．①B848.4-49

中国版本图书馆CIP数据核字(2017)第013606号

责任编辑：宫媛媛
封面设计：浩 天

出版发行　**中国言实出版社**
地 址：北京市朝阳区北苑路180号加利大厦5号楼105室
邮 编：100101
编辑部：北京市海淀区北太平庄路甲1号
邮 编：100088
电 话：64924853（总编室）64924716（发行部）
网 址：www.zgyscbs.cn
E-mail：yanshicbs@126.com
经 销　新华书店
印 刷　三河市天润建兴印务有限公司
版 次　2017年2月第1版　2017年2月第1次印刷
规 格　787毫米×1092毫米　1/16　印张15
字 数　200千字
定 价　39.80元　　ISBN 978-7-5171-2212-8

前　言

　　现实生活中，社会的竞争异常激烈，各种压力也接踵而至，所以，我们也必须承认，我们的生命，每天都在接受类似的考验。如果没有内在力量的支撑，我们根本无法存活。那么，到底是什么力量一直在支持我们坚忍不拔，不惧刺痛，勇往直前，直面挑战，迎取成功呢？

　　其实，答案很简单，那就是意志。

　　在本书中，我们主要讲如何突破逆境，其核心力量就是意志。人类只要有了这种力量，就能在黑暗之中点燃意志之光，就能够勇敢地面对荆棘丛生的道路，拔出意志之剑，披荆斩棘。因为我们知道，人生的成就永远需要意志的力量，需要不断坚持，如果有一时的懈怠和退却，都可能影响最后的结局。所以，我们必须时刻提醒自己，我们必须将意志深刻根植于我们的脑中，并不断修正我们前进的步伐！

　　我们要知道，人生的每一分钟都不容我们忽视怠慢，我们必须

紧紧抓住意志之绳，勇攀高峰。那么，面对人生，你知道自己的意志在哪里吗？

如果此刻的你，还在为明天的不确定而迷茫恐慌，还在为未来而踌躇彷徨，那么，你应该问问自己，倾听一下自己内心最真实的声音，也许你需要的是真实意愿的指引，是心灵选择的决断！

如果从人性的方面来讲，就是要求一个人能够做到恬淡闲适，清新自然，安谧闲静，然后从平凡中活出华美壮丽，雄伟壮阔，明快高旷，慷慨激昂，等等。

希望你可以借助本书，早日找到自己的意志之神，然后得偿所愿，拥有一个圆满幸福的人生。

逆境生长，成就人生

目 录

第一章　在绝境中求生

第二章　在逆境中生存

第三章　坦然面对挫折

逆境生长，成就人生

第四章　做自己的主人

第五章　战胜自己

目

录

第六章　培养积极的心态

逆境生长，成就人生

第七章　突破平庸

目　录

第一章
在绝境中求生

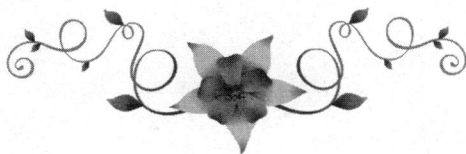

　　人在社会上生存，随时都会面对各种竞争和压力，也许有时候就会陷入一些无法预知的困难之中，不得自拔。我们要想绝处逢生，就要有足够大的能量和勇气，而这些不是需要就有的，是需要我们平时不断累积和储备的。这样，关键时刻我们才能顺利通过黎明前的黑暗。

◎ 拥有绝对的意志

一般来说，有影响力的都是一些大人物，比如，一国首脑、公众人物、明星专家，等等。那么，他们是怎么成为大人物的呢？因为意志。在通往成功的路上，因为他们的意志力足够大，所以他们坚持到了最后，所以他们才会有如此巨大的影响力。而且，那些成功人物不但自己意志坚定，更能给他人以积极的影响，增强意志的氛围。

其实，在人际交往中，常常是意志力与意志力的较量。不是你影响他，就是他影响你，所以，如果我们想成功，就一定要培养自己的影响力。只有影响力大的人，才可以成为最强者。

在第二次世界大战期间，斯大林在军事上最倚重的人有两个：军事天才朱可夫元帅和总参谋长华西里耶夫斯基。

华西里耶夫斯基的妙招之一，便是潜移默化地在休息中对斯大林施加影响。

华西里耶夫斯基喜欢同斯大林"闲聊"，并且往往还会"不经意"地"随便"说说军事问题，既不是郑重其事地大谈特谈，也不是讲得头头是道。由于受了启发，等华西里耶夫斯基走后，斯大林往往会想到另外一个好计划。过不了多久，斯大林就会在军事会议上宣布这一计划。

华西里耶夫斯基在和斯大林交谈时，有时会有意识地犯一些错

误，让斯大林有机会去纠正错误，表现其英明，然后把自己最有价值的想法含混地讲给斯大林听，由斯大林形成完整的战略计划公开"发表"。应该说，斯大林的许多重要决策就是这样产生的。

这就是意志在交际中的体现，其实就在我们身边。

在现实世界中，很少人能够事事亲历亲为，尤其是希望做大事的人，更不能离开与他人的合作。那么，如何才能让他人真诚地与你合作呢？除了现实的利益基础，还要靠出色的影响力和高超的说服力，让别人同意你的看法，或者按照你的计划去行事。

而下面这些历史事实向我们证实：在人类的生活空间，绝对意志是存在的。

约翰·班扬因其宗教观点而被关入贝德福监狱。在那里他写出《天路历程》；雷利爵士在身陷囹圄的13年中写出了《世界历史》；马丁·路德被羁押在瓦尔特堡时译出了《圣经》。

托马斯·卡莱尔的《法兰西革命》一书的手稿被朋友的仆人不慎当成了引火之物，然而卡莱尔只是平静地从头又写出一部《法兰西革命》。

瓦尼·格林斯基17岁时是一位出色的运动员。他想从事足球或冰球而出人头地。他最初被告知体重不够。172磅是标准体重，而他只有120多磅，会在冰球场淘汰的。

赛拉·霍兹沃斯10岁时双目失明，但她却成为世界上著名的登山运动员。1981年她登上了瑞纳雪峰。

赛乌斯博士的处女作《想想我在桑树街看到的》被27个出版商拒

绝。第28家出版社——文戈出版社，出版了该书并售出600万册。

当艾利斯·赫利还是一个尚未成名的文学青年时，在4年中他每周都能收到一封退稿信。后来艾利斯几欲停止写作《根》这部著作，并自暴自弃。如此9年，他感到自己壮志难酬，于是准备跳海，了其一生。当他站在船尾，看着波浪滔滔，正欲跳海，忽然听到所有的先人都在呼唤："你要做你该做的，因为现在他们都在天国凝视着你，切毋放弃！你能胜任，我们期盼着你！"在以后的几周里，《根》的最后部分终于完成了。

作家威廉姆斯·肯尼迪曾著述多篇，但均遭出版商冷遇。直至他的《铁人》一书一举成名。然而就是该书也曾被13家出版社拒之门外。

里查德·贝奇只上了一年大学，之后接受喷气式战斗机飞行员的培训。20个月后他羽翼初丰，却辞了职。后来他在一份航空杂志社任编辑，旋即破产，失败接踵而至。当他写出《美国佬生活中的海欧》一书时，他仍然觉得前途未卜。书稿搁置8年之久——其间被18家出版社拒之门外。然而出版之后即被译成多国文字，销量达700万册。里查德·贝奇也因此成为享有世界声誉的受人尊重的作家。

1962年，4名少女梦想开始专业歌手的生涯。她们先是在教堂中演唱并举办小型音乐会，接着又灌制一张唱片，但销路极差。第三张，第四张、第五张……直至第九张唱片都未能走红。1964年，她们因《侦探克拉克的表演》而小有名声，但这张唱片也是订货寥寥，收支仅仅持平。那年年底，她们录制了《我们的爱要去何方》，结果荣登金曲排行榜榜首。黛安娜·罗丝及其"超级者"组织开始赢得国人的

认可，引起乐坛轰动，声名鹊起。

　　《心灵鸡汤》在海尔斯传播公司受理出版之前也曾遭33家出版社的拒绝。全纽约主要的出版商都说："书确实好得很，但没有人爱读这么短的小故事。"然而，现在《心灵鸡汤》系列在世界范围内售出了1700万册，并被译成20种文字。

　　1935年，《纽约先驱论坛报》发表的一篇书评把乔治·格斯文的经典之作《鲍盖与贝思》评论为"地道的激情的垃圾"。

　　1902年，《亚特兰蒂克月刊》诗歌版编辑退还了一位28岁诗人的作品，退稿上写："我们的杂志容不下你如此热情洋溢的诗篇。"那个28岁的诗人叫罗伯特·普希金。

　　1889年，罗迪亚特·开普林收到了圣佛朗西斯科考试中心的如下拒绝信："很遗憾，开普林先生，但你确实不懂得如何使用英语这种语言。"

　　在上述事例中所涉及到的每一个人物，都是凭借意志扼住命运的咽喉，后来居上，拼搏出一番瞩目的成绩。也就是说，意志的世界填充着无数鲜活的面孔，他们构成意志的实际内容，一遍遍地证明着意志的存在；他们一遍遍地在展示着意志的力量，充实着意志的内涵。

　　所以，我们有理由相信，意志是人类所有优秀品质的精华，是超脱于曾经的是非成败之后而主导一切的真实存在。它可以激励我们充满渴望地去找寻并拥有自己的梦想，让我们在生活中实现自我。

逆境生长，成就人生

◎ 拥有强烈的信念

意志是一张桌子，行动是桌子上放置的沉重物品。

意志的三个等级：游移的、肯定的以及强烈的。

第一个等级：游移的意志。

游移的意志是这张桌子的桌腿，它很不牢靠，摇摇晃晃的，一不小心就会把放置在上方的东西摔碎；

第二个等级：肯定的信念。

肯定的信念是一张更大的桌子，放置更多的东西，但是桌面大，不代表就结实。一旦产生怀疑，桌子一样晃得厉害。

第三个等级：强烈的信念。

这是意志的极致，表现为对一个念头抱着近乎至死方休的强烈程度。这就相当于一个十分结实的桌子，不论你放多少东西在上边，它依然稳稳当当。当个人拥有强烈的意志力量时，坚信而不动摇，可以牢靠地承载行动的压力，没有一丝怀疑。

信念是意志的萌芽，只有强烈的信念才能孕育坚强的意志！

信念是强大的推动力，能够对我们产生很大的动力。据专家研究指出，如果把正确的信念提升到强烈的地步，人的成功几率会更高。

对于一个拥有某种愿意奉献牺牲的人来讲，如果他成天在想，若是有一天能拥有一台奔驰该多好，这可能是个游移的意志。可是他若

千方百计地赚钱，把自己每一分能节省下来的钱都用在买奔驰上，他就有可能拥有一台自己的跑车了，没有强烈的信念是不可能成功的。肯定的信念跟强烈的意志的不同之处在于是否有行动的意愿。

事实上，一个具有强烈意志力的人对于所相信的必然很执着。为了达成这个信念，他们不怕被人三番两次地拒绝，也不怕被人讥笑是个傻瓜。

戴尔电脑公司，《财富》评出的全球500强企业，它占前一百位，戴尔公司的企业宗旨就是："只有偏执狂才能生存。"他们尤其要求员工们有强烈的信念，不达目的决不罢休。这也正是如今很多公司企业，都要求员工培养强烈的企图心，培养强烈的信念——"只有不相信，没有不可能"，让信念推动一切的原因。

一位长跑爱好者，不论严寒酷暑、刮风下雨，每天早上都会进行5公里慢跑。他的晨跑总是坚持着。

但是，知情人知道，在这之前，他十分厌恶早起，每天早晨都赖在被窝里为起床作着激烈的思想斗争。他总是使出吃奶的劲头，才勉强把自己从被窝里拽出来。真的，你也许会有同感，早上在床上的每一分钟都让人珍惜，很多次他都又迷迷糊糊地打上几个盹儿。他也同样不喜欢跑步，尤其是长跑，觉得它又艰苦又乏味，还会让人腰酸背痛，浑身酸痛。那么，是什么改变了他呢？

原来是得益于他祖父的一番教诲。

祖父告诉他说："为了成为一位'行动者'，一定要做到自律。不论我做什么，也不论我多么努力，如果我不能做到掌握自己，那

么，将永远不能发挥出自己最大的潜力。"

因为这个后来的长跑爱好者听从了祖父的建议，并选定了晨跑这件对身体有好处，但是又那么艰苦的差事，开始亲身实践祖父的"磨炼法则"。

他的转变非常缓慢。每天的早起，却只能得到腰酸背痛的奖励，有时还会感到无比的畏惧。跑不了几步便气喘吁吁，上气不接下气。这样子下去，估计"磨炼法则"对他很难生效了，他的克己自制的目标也渺茫了起来。但惟一牢记心中的是，他必须强迫自己坚持一个月！他做到了，一些意想不到的事情也就开始发生了。

他的身体状况逐渐变好，跑步逐渐变得轻松起来，而且起床对他来说也不那么困难了。一个月过后，跑步这份苦差事似乎不再那么恐怖了，尽管早起仍然有点儿困难，有点儿费劲，但似乎可以克服。

随着时间推移，一切都变得越来越容易，越来越自然。这时，他才开始真正感觉到，原来清晨长跑是一种享受。最终，清晨长跑成了他一个非常自然而然的习惯。

这正如马克·吐温所说："关键在于每天去做一点自己心里并不愿意做的事情，这样，你便不会为那些真正需要你完成的义务而感到痛苦，这就是养成自觉习惯的黄金定律。"可见，拥有强烈的信念，就能练就坚强的意志，这是成功的开始，更是成功的秘诀。

◎ 豁达带给你希望

豁达是一种高贵的品质，也是一个人为人处世最不可缺少的一种品质。应该说，拥有豁达的心态，可以使你经常处于良好的心理状态，拥有很好的人际关系，也使你的意志免于受到不必要的考验。

众所周知的美国成人教育专家戴尔·卡耐基，可以说是处理人际关系的"老手"，然而在早年时，他也曾在这方面犯过小错误。

有一天晚上，卡耐基参加一个宴会。宴席中，坐在他右边的一位先生在讲一段幽默故事的时候引用了一句话，意思是"谋事在人，成事在天"。这位健谈的先生同时还说明他所引用的那句话出自《圣经》。卡耐基立刻就发现他说错了，因为他知道那句话无疑是出自莎士比亚的著作。

为了表现自己的才学，卡耐基很认真地纠正了那位先生的说法，虽然这是一件正确的事情，但是，当着众多人的面，他这样做会让人觉得很尴尬。果然，那位先生的脸面一时挂不住了，便恼怒地反唇相讥："什么？出自莎士比亚？这决不可能。"

卡耐基还想再继续争辩，此时他的老朋友法兰克·葛孟正坐在他左边，葛孟研究莎士比亚的著作已有多年，于是卡耐基就向他求证。没想到葛孟却说："戴尔，你错了，这位先生是对的，那句话是出自《圣经》。"同时，他还在桌下踢了卡耐基一脚。

那晚回家的路上，卡耐基对葛孟说："法兰克，你明明知道那句话出自莎士比亚。"

葛孟说："是的，那当然。在哈姆雷特第五幕第二场。可是，亲爱的戴尔，我们大家都是宴会上的客人，你为什么一定要证明他错了呢？那样会使他喜欢你么？他并没有征求你的意见，在这个无关紧要的小问题上，为什么不留给他一些面子呢？"

可以想象，卡耐基肯定会为自己的言行感到后悔。因为在一些无关紧要的小错误面前，放过去也无伤大局，那就没有必要去较真，或者去纠正它。古人所说的"难得糊涂"不就是这个道理吗？这不仅仅是为自己避免了不必要的烦恼和人事纠纷，而且也顾及到了别人的名誉，不致给别人带来无谓的烦恼。

一个炎热的下午，一位顾客不小心在下榻的饭店大厅里跌了一跤。炎热的天气本来就使人心烦气躁，现在又当众出丑，顾客不禁怒火高涨。他甚至顾不得上去穿上摔掉的一只鞋，光着脚就闯进了饭店经理的办公室，指着经理大声嚷道："你们的地板太滑了，刚才害我摔了一跤，现在腰痛得要命！你们必须马上送我去医院检查。"

经理见状，并没有急着分清责任，而是赔着笑脸安抚顾客，并立刻派了车送顾客去医院，还为他找来了替换的拖鞋。等顾客离开办公室后，经理才把顾客换下的鞋子交给服务生，并嘱咐说："客人的鞋底已经磨得太光滑了，你送到外面的修鞋处修理一下。"

在医院检查之后，那位顾客的身体没有发现任何异常情况。回到饭店后，经理高兴地表示说："真是万幸，没问题就好！请您回房间

休息吧，我派人给您送些饮料，让您解解暑。"

此时，顾客的态度已经缓和很多了，甚至开始为自己先前的态度和做法感到有些内疚。

过了一会儿，经理拿着已经修好的鞋子，走上楼，对那位顾客说："请恕我们冒昧，您的鞋子我们已经找人帮您修理了一下，据鞋匠说，鞋底都磨平了，若是穿着它在楼梯上滑倒，那可就太危险了！"

那位顾客接过修好的鞋子，面带愧色，不好意思地说："其实摔倒了也有我自身的原因，不能只怪你们，刚才给你们添麻烦了，实在抱歉！修鞋的费用我来付，不能让你掏腰包。"

"您太客气了，为顾客服务是我们应该做的。"经理依然笑着说。

从事情发生到现在，经理的态度一直是谦恭有理，没有半点怨言。顾客感动极了，他紧紧握住经理的手说："请原谅我刚才的无礼和粗鲁，真是对不起！"

经理的宽容大度赢得了顾客的信赖，可见，宽容的力量。从此以后，那位顾客经常与人谈起这件事，他和他所影响的一批人成了这家饭店的常客，而那位经理也与他结为莫逆之交。

豁达的姿态不仅可以用于对别人，在自身碰到困难的时候，也不妨退一步去想，从而体现出广阔的胸怀和宽大的气度。

大海里生活的鱼，不会因遇到一点点风浪就惊惶失措；而小溪里的鱼就不同了，当感觉到有一点点异常动静的时候，就会立刻四处逃窜。人也是这样，胸怀狭窄的人没有一点气度，一旦遇到一点问题和阻碍，又惟恐避之不及；胸襟广阔的人不会这样，他们做事稳重，

态度从容不迫，善于把目光投入生活的更深更广处。也只有放得开的人，才可能具备在任何时候都保持心态平衡的能力。

其实，不论在什么情况下，问题都有可能会随时发生，这也是对你的一种考验。如果只会推卸责任、怨天尤人，那只能让自己陷入孤立无援的境地。相反，用宽容和大度的姿态去处理问题、对待别人，才更能赢得尊重。

◎ 保持乐观的态度

乐观是一种态度，保持乐观，你才能得到自己想要拥有的，这样才能活得快乐，才能体会到幸福的真谛，才能生活美满。

安徒生有一则名为《老头子总是不会错》的童话，讲述的是这样一个故事：

乡村有一对清贫的老夫妇，有一天他们想把家中惟一值点钱的一匹马拉到市场上去换点更有用的东西。老头牵着马去赶集了，他与人换得一头母牛，又用母牛去换了一只羊，再用羊换了一只肥鹅，又把鹅换了只母鸡，最后用母鸡换了别人的一大袋烂苹果。

在每次交换中，他都想给老伴一个惊喜。

当他扛着大袋子来到一家小酒店歇息时，遇上两个英国人。闲聊中他谈了自己赶集的经过，两个英国人听得哈哈大笑，说他回去准得挨老婆子一顿揍。老头子坚称绝对不会，英国人就用一袋金币打赌，三人于是一起回到老头子家中。

老太婆见老头子回来了，非常高兴，她兴奋地听着老头子讲赶集的经过。每听老头子讲到用一种东西换了另一种东西时，她都充满了对老头的钦佩。

她嘴里时不时地说着："哦，我们有牛奶了！"

"羊奶也同样好喝！"

"哦，鹅毛多漂亮！"

"哦，我们有鸡蛋吃了！"

最后听到老头子背回一袋已经开始腐烂的苹果时，她同样不愠不恼，大声说："我们今晚就可以吃到苹果馅饼了！"

结果，英国人输掉了一袋金币。

生活得幸福快乐，不一定要多富裕，穷日子一样可以过得精致典雅。只要你肯多花一些心思，你的生活一样可以充满滋味。

曾经，有一个从黄土高原来的上学青年。据说，他要回一次家，得先坐火车，然后坐马车，最后是背包步行，总而言之，他的家是常人无法想像的偏远。

他曾讲述过他母亲的故事。他的母亲，是一个在困窘环境中生活着的瘦削美丽的女人。她经常说的话是：生活可简陋，但却不可以粗糙。她给孩子做白衬衫白边儿鞋，让穿着粗布衣服的孩子们在艰辛中明白什么是整洁有序。母亲的言行让他和他的手足们知道，粗劣的土地上一样可以长出美丽的花。

其实，生活的美与丑，全在我们自己怎么看，只要选择了一种积极的心态，懂得用心体会，就会发现，生活处处都是美丽动人的。

朱利安是一个对生活态度极度厌倦的绝望少女，她打算以投湖的方式自杀。在湖边她遇到了一位正在写生的画家，画家专心致志地画着一幅画。少女厌恶极了，她鄙薄地看了画家一眼，心想：幼稚，那鬼一样狰狞的山有什么好画的，那坟场一样荒废的湖有什么好画的？

画家似乎注意到了少女的存在和她的情绪，他依然专心致志神情

怡然地作着画，一会儿他说："小姐，来看看画吧。"

她走过去，傲慢地睨视着画家和画家手里的画。

朱利安被吸引了，她从来没见过世界上还有那样美丽的画面——他将"坟场一样"的湖面画成了天上的宫殿，将"鬼一样狰狞"的山画成了美丽的长着翅膀的女人，最后将这幅画命名为《生活》。所以，她竟然将自杀的事忘得一干二净。

画家说："美丽的生活是需要我们自己用心去发现的！"

相同的生活，以不同的心态去面对，也会有不同的结果。所以，保持乐观，以积极的心态投入到生活中去，你会发现世界是如此多姿，生活是如此美好。

逆境生长，成就人生

◎ 生活就是哭着生，笑着活

生活就是哭着生，笑着活。没有人喜欢整体愁眉苦脸，一副倒霉相，这样的人，不但很少有朋友，也不会取得什么好的成就。因为他们用悲观告诉这个世界，他们注定要与成功的人背道而驰。

只有人类才会笑。我们为什么不珍惜这么难得的待遇呢？

树木受伤时也会流"血"，禽兽也会因痛苦和饥饿而哭嚎哀鸣，然而，只有我们人类才具备笑的天赋，可以随时开怀大笑。

我们有笑的权利，这是上天对我们的恩赐。所以，从今往后，我们要培养笑的习惯。笑有助于消化，笑能减轻压力。笑，是长寿的秘方。

也许有人会说，当我遭到别人的冒犯时，当我遇到不如意的事情时，我怎么笑得出来？有一句至理名言，我们都要反复练习，直到它深入我们的骨髓，让我们永远保持良好的心境。这句话就是——这一切都会过去。

世上种种到头来都会成为过去。心力衰竭时，我们安慰自己，这一切都会过去；当我们因为成功洋洋得意时，我们提醒自己，这一切都会过去；穷困潦倒时，我们告诉自己，这一切都会过去；腰缠万贯时，我们也告诉自己，这一切都会过去。是的，昔日修筑金字塔的人早已作古，埋在冰冷的石头下面了，而金字塔有朝一日，也会埋在沙土下面。如果世上种种终必成空，我们又为何对今天的得失斤斤计较？

我们要用笑声点缀今天，我们要用歌声照亮黑夜；我们不再苦苦寻觅快乐，我们要在繁忙的工作中忘记悲伤；我们要享受今天的快乐，它不像粮食可以贮藏，更不似美酒越陈越香。我们不是为将来而活，今天播种，今天收获。

　　笑声中，一切都显露本色。我们笑自己的失败，它们将化为梦的云彩；我们笑自己的世界，它们回复本来面目；我们笑邪恶，它们远我们而去；我们笑善良，它们发扬光大。我们要用我们的笑容感染别人，虽然我们的目的自私，但这确是成功之道，因为皱起的眉头会让顾客弃我们而去。

　　只有在笑声和快乐中，我们才能真正体会到成功的滋味。只有在笑声和欢乐中，我们才能享受到劳动的果实。如果不是这样的话，我们会失败，因为快乐是提神的美酒佳酿。要想享受成功，必须先有快乐，而笑声便是那伴娘。

　　从今往后，我们只因幸福而落泪，因为悲伤、悔恨、挫折的泪水毫无价值，只有微笑可以换来财富，善言可以建起一座城堡。

　　我们不再允许自己因为变得重要、聪明、体面、强大而忘记如何嘲笑自己周围的一切。在这一点上，我们要永远像小孩子一样，因为只有做回小孩子，我们才能尊敬别人；尊敬别人，我们才不会自以为是。

　　只要我们能笑，就永远不会贫穷。这也是天赋，我们不再浪费它。向着这个世界微笑吧，我们会拥有更加美好的未来。

◎ 在冒险中寻找机遇

时下，人们经常讲要"抓住机遇"，但究竟怎样才能抓住机遇呢？

你是否知道，冒点小风险，抓住人生大机遇。你是否常常因为机会的溜走而扼腕叹息？你是否也常常因为别人的成功而后悔莫及？现在莫再犹豫，风险与机会并存，抓住风险，就等于抓住了机会，也就等于抓住了一半的成功。

被喻为"中国第一打工王"、"中国亿万富翁"的川惠集团总裁刘延林说："机遇，对每个人来说，应该是平等的，但为什么有人捕捉不到，有人捕捉得到？

关键在于：你是不是积累了。

美国著名成功学大师皮鲁克斯说过："先人一步者，总能获得主动，占领有利地位。"的确，机会很重要，你对机会的反应同样重要。当机会来临时，反应敏捷的人是先人一步抓住机遇。因为机会不等人，稍纵即逝，再者机会对别人也是公平的，"幸运52"的口号就是"谁都有机会"，那么最终谁能抓住机会呢？答案是反应敏捷就会"捷足先登"。

在我国曾流传着这样一个故事：有三个财主在一起散步，其中一个忽然首先发现前方躺着一枚闪闪发光的金币，眼神顿时凝固了！几乎同时，另一人大叫起来："金币。"话音未落，第三个已经俯身把

金币捡到自己手里。这个故事告诉我们：在机遇面前，眼快嘴快都不如手快。生活中不少人发现了机遇，但是不能立即通过行动去抓住机遇，最终与没有发现机遇一样。

有很多成功的大企业家并没有学过经济学，肚子里也没什么"墨水"，他们成功的关键就在于行动快：一旦发现机遇，就能把机遇牢牢"抓"在手中！《英国十大首富成功的秘诀》里分析当代英国顶尖首富的成功秘诀时指出："如果将他们的成功归结于深思熟虑的能力和高瞻远瞩的思想，那就失之片面了。他们真正的才能在于他们审时度势后付诸行动的速度。这才是他们最了不起的，这才是使他们出类拔萃，位居实业界最高、最难职位的原因。'现在就干，马上行动'是他们的口头禅。"

8848米相当于一座3000层的楼房，当然这也是珠穆朗玛峰的高度。2003年，一位房地产开发商来到这座假想的楼房前，用自己的双脚做计算器，一步一步地爬到了这座"3000层楼房的房顶"，这个人就是王石——万科房地产公司的董事长，拥有几十亿资产，上万名员工和遍布中国十几个省市的业务，也是第一个登顶珠峰的中国企业家。

王石登顶成功创造了两个纪录：一是国内年龄最大的珠峰登顶者，另外一个就是第一个登顶珠峰的中国企业家。其实，王石的身份就已经决定了他攀登珠峰所造成的影响，这些影响不仅仅对他个人，更在于对他所执掌的企业。

通过这次精心策划组织的冒险，王石成为最大赢家，公司的品牌、形象亮相珠峰后，万科和王石的名字再次惊天动地。用王石自己

的话来讲，即使这次登顶失败了，对公司的品牌无疑也是一次提升，因为一个敢于冒险的公司可以创造出质量更先进的产品。

机会是一种稍纵即逝的东西，而且机会的产生也并非易事，因此不可能每个人什么时候都有机会可抓。在机会还没有来临时，最好的办法就是：等待，等待，再等待，在等待中为机会的到来做好准备。

机遇一旦出现，"缝隙"一旦露出，就万万不能延迟，不能观望，不能犹豫，必须当机立断，否则就会失之交臂。常言道："机不可失，失不再来。"就是这个道理。

还有一点就是我们要认识到，运用"见缝插针"之计的关键在于"缝"，也就是机遇。然而，机遇并不是单纯的幸运，它往往潜藏于平凡的现象背后，被表面现象所掩盖，具有隐藏性。所以，一般人难以觉察到机遇的存在。只有精明的人才能透过现象，看到本质，抓住被人们忽略了的潜在机遇，在人们忽视的"缝隙"中穿插自如。

所以，"见缝插针"作为经商谋利的一条妙计，它的运用，与机遇的探求、获得和采取行动是分不开的。

1. 要善于发现和识别机遇

任何机遇都来自环境的变化，隐藏于现象的背后，并具有偶然性、瞬时性的色彩。要想发现它、认识它，就需要经营者具有灵活的头脑和敏锐的观察力。所以，经营者要时时注意到自己周围和社会环境的变化，细心观察市场动向，认真思考政治动荡带给经济的巨大影响，其目的就是寻找机遇，找到"缝"之所在。

2. 要善于"插针"

一旦发现机遇，就必须抓紧时间，马上采取行动，把"针"插到"缝"里去，才不至于贻误时机。如果犹豫、观望，机遇就会悄然流逝，后悔莫及。

3. 要见机行事，随机应变

"见缝插针"之计的成败关键在于施计者能否做到这一点。当好机会出现在眼前时，要敢于扭转航向，见风使舵。

当坏的消息传到时，要敢于甩手抛弃，舍末逐本，分清主次。无论办什么事，不灵活、墨守成规，或随波逐流，肯定不会有大的成就。

逆境生长，成就人生

◎ 敢于冒险，突破人生

有冒险，就会有失败。正如常言说得好："十有九输天下事。"但是，如果因为害怕失败就不去冒险，那么则会失去很多成功的机会。其实，失败并不可怕，可怕的是你如何面对失败！

失败已成为过去，我们要做的就是要好好掌握我们的未来。对我们大家而言，失败是通往成功的必经之路，需要冷静、忍耐；失败是每一个成功的起点，需要执着、认真。

对于诸葛亮这个十分了不起的人物，司马懿曾评价说："平生谨慎，必不弄险。"过于谨慎是他的一个弱点。他六出祁山而无大的建树，与此不无关系。

适当的谨慎是必要的，但过于谨慎则是优柔寡断，何况诸如早上起床这样的事是没必要作任何考虑的。我们需要想尽一切办法不去拖延，在知道自己要做一件事的同时，立即动手，决不给自己留一秒钟的思考余地。

在走向成功的过程中，遭遇失败并不可怕，可怕的是因失败而产生的对自己能力的怀疑。不管是什么时候，只要你努力拼搏了，你就决不会失败。真正的失败是不去拼搏。

其实，失败真的无所谓，一次两次的失败并不能说明什么。因为我们是人而不是神，我们不可能十全十美。相反，我们能力的大小，

只有在经受了各种各样的考验之后方能证实。失败就是这样一种必须经受的考验，它可以提醒我们去寻找和发现我们自身的不足之处，然后，对它们进行弥补和改善。

从这个意义上看，失败使我们有了这样一个机会：让我们清醒地认识到事情是如何朝着失败的方向转变的，以使我们在将来能够避免因重蹈覆辙而付出更高昂的代价。此外，还有最重要的一点是，失败还使我们看清了在通往目标的道路上，一个必须去加以征服的敌人，这个敌人不是别人，就是我们自己。要知道，人类最杰出的成就，经常是在战胜他人的同时也彻底战胜自我。

大学毕业后，摩根进入了邓肯商行工作。

一次，他去古巴哈瓦那为商行采购鱼虾等海鲜归来，途经新奥尔良码头时，遇到一位陌生人。那位陌生人看摩根像是做生意的，便自我介绍说："我是一艘巴西货船船长，为一位美国商人运来一船咖啡，可是货到了，那位美国商人却已破产了。这船咖啡只好在此抛锚。您如果能买下，等于帮了我一个大忙，我情愿半价出售。但有一条，必须现金交易。"

摩根跟巴西船长一道看了咖啡，成色很好，毫不犹豫地决定以邓肯商行的名义买下这船咖啡。然后，他兴致勃勃地给邓肯发去电报，可邓肯的回电是："不准擅用公司名义！立即撤销交易！"

摩根无奈之下，只好求助于在伦敦的父亲。父亲吉诺斯回电，同意他用自己伦敦公司的户头，偿还挪用邓肯商行的欠款。摩根大为振奋，索性放手大干一番，在巴西船长的引荐之下，他又买下了其他船

上的咖啡。

摩根初出茅庐，做下如此一桩大买卖，不能说不是冒险。可是上帝帮忙，就在他买下这批咖啡不久，巴西便出现了严寒天气，使咖啡大为减产，咖啡价格暴涨，摩根狠狠地赚了一大笔。

摩根的事业大幕也就此拉开了。

美国南北战争开始后，一天，摩根与一位华尔街投资经纪人的儿子克查姆闲聊。

克查姆说："我父亲最近在华盛顿打听到，北军伤亡惨重，政府军战败，黄金价格肯定会暴涨。"摩根盘算了这笔生意的风险程度，商量了一个秘密收购黄金的计划。等到他们收购足量的黄金时，社会舆论四起，形成抢购黄金风潮，金价飞涨。

摩根觉得火候已到，于是迅速抛售了手中所有的黄金。这次黄金交易使他一下子获得了16万美元的纯利润。几年的国内战争，摩根利用获得的军事机密做投机生意，口袋里塞满了为数可观的美钞。

经过不断打拼和奋斗，摩根成了"华尔街的神经中枢"、美国19世纪70年代至20世纪叱咤风云的大金融家、国际金融界"领导中的领导者"，而这些名誉的取得，与他年轻时的两次冒险投资有着非常密切的联系。

由此可见，成功者之所以成功，不是因为他们有什么过人之处，只是他们面对机会的时候，比别人更敢赌敢拼。

纵观古今中外富商巨贾的成长历程，无不都是面对机会果敢决策才取得成功的。在他们眼里，成功就是一场赌博，是一次冒险的旅

途。

应该说，成功人士都有一个共同的特征，那就是敢于冒险。他们知道，机会都蕴藏在冒险中，不入虎穴焉得虎子。

渴望冒险的人寻求一种体验生命极限的刺激。但这种体验不同于现在流行的"蹦极"运动带来的刺激。他们寻求的刺激不仅是简单的神经兴奋，而是一种从挑战中获胜的快感。

这类具有冒险精神的人更倾向于独自面对严峻形势的挑战，并且为了达到最终的目标，能够承受重大的挫折和打击。正是这些特质使他们成为人们心目中的领袖和领导者，他们能在逆境中给人强大激励。

在我们的社会上，敢冒险的人总是在冒险，不爱冒险的人总是畏首畏尾。在勇于创新的人那里，冒险往往会成为一种具有鲜明特色的个人习惯。我们发现，那些具有冒险精神的人总是在不断尝试各种冒险事情。

其实，富人并不比普通人聪明多少，他们比常人多的无非就是敢于冒险的胆识而已，认准了方向就会放开一切大胆地去干，去尝试，而不是思前想后，犹豫不决。

◎ 坚持冒险的精神

社会的发展变幻莫测，人们在经历了各种竞争和压力，面对高高在上的房价和车价之后，已经不堪重负，现在，很多人都开始向往那种平淡、安逸的生活，少了些许冒险精神。但是，我们还是无法避免地要在这个社会上生存，如果我们少了冒险精神，就会丧失很多机会，人生就会少了很多激情与精彩。面对这个未知的世界，我们不能就此罢休！

戴尔·卡耐基说："要冒一次险！整个生命就是一场冒险。走得最远的人。常是愿意去做，并愿意去冒险的人。"稳妥"之船，从未能从岸边走远。"

莫瑞儿·西伯特也是依靠敢闯敢拼的冒险精神获得了事业的成功。多年以前，俄亥俄州一位报纸专栏作家露丝·马肯尼和她的妹妹一同到曼哈顿打天下。她写了一系列关于她们坎坷遭遇的短篇文章，稍后被改编成一出名叫《我的妹妹艾琳》的音乐剧，在剧中露丝唱道："为什么，为什么哟，为什么我要离开俄亥俄？"

这出经典音乐喜剧一向为莫瑞儿·西伯特所喜爱，而这位女士本身就是勇于尝试、敢于冒险的最佳典范。西伯特说："我20多岁就离开了俄亥俄，我除了一辆破烂老爷车外，就仅有牛仔裤里的500美元了。然而那是我一生中采取过的最明智之举。"

莫瑞儿·西伯特在职业生涯中采取过不少明智举动，但最明智的，可能莫过于创立了自己的事业。那项事业就是今天位于纽约市的莫瑞儿·西伯特公司，那是全美最成功的经纪公司之一。

如果没有当初那种冒险的劲头，也许今天她就不会有这样的成就。现在的她，在纽约证券交易所拥有一个席位，事实上，她是这个交易所里第一个拥有席位的女人。西伯特常被尊称为"金融界的第一女士"。

那么，她是如何得到这一切的呢？

西伯特从俄亥俄来到了纽约，她首先在一家经纪公司做一名实习研究员，周薪只有65美元。当她成了一名产业分析员之后，她跳槽到另一家经纪公司。有一天，她接到一个她曾经写过报告的公司来电，告诉她，由于她所写的报告，他们公司赚了一笔钱，所以他们欠她一个订单。就这样，她得到了她第一个订单。

但西伯特并不以此为满足。她努力想获取一家大型经纪公司的合伙资格，却遭到对方严拒，只因为她是女人，所以就该注定被贬抑。

于是，她决定自己创业。

但是，当时的她根本没有能力拥有办公室。不过幸运的是，以前跟她做过生意的一家公司愿意为她提供他们交易所的一角，当她的办公室。

就在这个临时的办公室里，莫瑞儿·西伯特与恶劣的环境顽强地抗争着。虽然有许多人都对她的做法提出了反对的意见，但她还是跟银行借了30万美元，然后用44万美元在纽约证券交易所买了一个席

位。结果在6个月后，她就搬出了那个临时的办公室，进了她自己精致的办公室。

经过不断的奋斗，莫瑞儿·西伯特公司已价值数百万美元。

莫瑞儿·西伯特说："不要害怕冒险或者做决定，任何时候如果有任何人或事想要把你击倒，你就顽强撑住！"只要对自己有信心，有"放手一搏"的决心，就不妨采取行动。

如果爱迪生没有冒险精神，就不会发明出使后代受益无穷大的电灯；如果拿破仑没有冒险精神，就没有当初横扫整个欧洲的辉煌战绩……无数的事实证明，有冒险精神的人，能做出惊天动地的伟业。

总之，太平静的单调生活，会让强者失去斗志。经常冒险，可保持你对生活的持续热情和永不衰减的情趣感。在这种习惯中，你将拥有永葆活力的生活。所以，请记住：人生需要冒险，强者都有冒险的习惯。

◎ 失掉了勇敢，你就失去了一切

　　冒险是一种难能可贵的精神，事业上多一点冒险精神，成功的大门将向你敞开；爱情上多一点冒险精神，爱情的花园里将盛开出灿烂的花朵……但不是一句空话，我们要消除已经养成的惰性，真正培养这种精神，就要从身边的每一处细节做起。

　　米蒂是一位精力充沛、热爱冒险的女性，当然这是她自我转变的结果。

　　米蒂小时候是个胆小鬼，不敢做任何运动，凡是可能受伤的活动她一概不碰。在参加过几次罗宾的研讨会后，她有了一些新的运动经验，如潜水、赤足过火和高空跳伞，从而知道自己事实上可以做到一些事，只要有一些压力即可。

　　即使如此，这些体验还不足以使她形成有力的信念，改变先前的自我认定，顶多她自认为自己是个"有勇气高空跳伞的胆小鬼"。依她的说法，当时转变还没发生，她有所不知，事实上转变已经开始。

　　她说其他人都很羡慕她那些表现，告诉她："我真希望也能有你那样的胆子，敢尝试这么多的冒险活动。"

　　一开始，她对大家夸奖的话确很高兴。听多了之后，她便不得不质疑起来，是不是以前错估了自己。

　　"最后，"米蒂说道，"我开始把痛苦跟胆小鬼的想法连在一块

儿，因为我知道自己胆小，这给我设定了限制。所以，我决心让自己不再做胆小鬼。"

事实上，说来容易做来难，虽然她这么说，但是她的内心有很强烈的争斗，一方面是她那些朋友对她的看法，另一方面是她对自己的认定，两方并不相符。

后来，她又迎来了一次改变自我认定的机会——高空跳伞训练。她决心要从"我可能"变成"我能够"，而让想冒险的企图扩大为敢于冒险的信念。

当飞机攀升到12500英尺的高空时，多数人都极力压抑着内心的恐惧，故意装作兴致很高的样子，米蒂望着那些没什么跳伞经验的队友，然后在心里告诉自己："他们现在的样子正是过去的我，而此刻我已不属于他们那一群，今天我可要好好表现一次。"

接下来，她很惊讶地发现自己刚刚经历了重大的转变，她不再是个胆小鬼，而是成了一个敢冒险、有能力、正要去享受人生的人。她是第一位跳出飞机的队员。下降时，她一路兴奋地高声狂呼，似乎这辈子就从没有这么兴奋过。

米蒂的故事告诉我们，人要想跨出自我设限的第一步，就要采取新的自我设定，从而自信地想好好表现，这样才能实现自己的目标。

因为新的体验，使米蒂能一步步淡化掉旧的自我认定，从而做出决定，要去拓展更大的可能，所以，她的转变是正确的，是很有意义的。而且，新的自我认定使她成为一位真正敢于冒险的人。

从知识的角度看，冒险就是勇于探索，勇于实践；从决策设计

上看，冒险则是一种勇气、一种魄力。从古至今，我们会发现有很多人，因为不敢冒险，而处于被动的局面。虽然他们也取得了一定的成就，但是他们总是自我设限，限制了自己才能的发挥。比如，三国时期的诸葛亮就是其中的一位。

从心理特征上看，诸葛亮是属于过于谨小慎微的人物，这源于他思想上的压力：一方面，他蒙受刘备知遇和托孤之恩，执掌蜀国军政大权，年复一年惨淡经营，以冀完成统一大业。另一方面，对手是强大的魏国。大概就是这种在严峻形势下的超常报效心和责任心，使得他在自己的事业面前，战战兢兢，如临深渊，如履薄冰，过于小心谨慎，他的事必亲躬与此也有关系。

但是，诸葛亮的一生也不尽是如此。在他事业的前半生，他先是孤生入吴，继而取西川、夺汉中都表现了大智大勇，有一定的冒险精神。似乎在刘备死后，他才表现得过于小心，从事业上说，表现在历次北伐之上，即使这时，他也还是有隙必乘，有利必取，进则使敌不敢战，退则使敌不敢追，战场上的主动权总在他的掌握之中。

在现代社会，有很多人也常常失落在种种局限之中。面对风险，并不是所有的人都敢于冲刺。不管客观上的原因有多少，思想上的弱点是导致保守经营的根本原因。

没错，冒险难免遭受失败，也没有谁可以断定冒险的成功率。一位成功人士曾经说过："你若失掉了勇敢，你就失掉了一切！"心存杂念，胆必怯。如果你想成功，又对事业非常执着，这样，你才能拥有一种英雄主义的冒险精神。

逆境生长，成就人生

第二章
在逆境中生存

　　逆境，通常是对一个人的考验，既存在利，也存在弊。如情绪乐观，容易走出逆境，并且对自身增加一笔财富。如果情绪低落，甚至恐惧，那么，等待他的结果可想而知。大量事实证明，逆境是一个人成长的辅料。在逆境中成长的人和在顺境中成长的人，结果是不同的，逆者必胜，顺者还需磨炼。

◎ 面对逆境，坚持到底

心理学研究发现，当我们面对逆境的时候，在我们的内心世界中，我们常常会产生一种恐惧感，而这种恐惧感也是我们心灵深处最根本也是最顽固的东西。正是这种恐惧，使我们常常陷于逆境世界中不能自拔，使我们无法发挥自己的潜能，最终导致我们与成功失之交臂。

我们知道，心理因素对人生有着至关重要的作用，尤其是一个人生理潜能的发挥，更加离不开心理因素。一个人，要想将人体所蕴藏的潜能发挥到极致，就必须要具备良好的心理素质。

从心理学的角度来讲，稳定的人格，没有偏激、猜疑，拥有积极向上的生活态度和心态，都是开发人体潜在力量的前提。人通过提高认识、学习技巧、培养感受力和领悟力、坚强意志等方法，在积极开发人的心理潜能的同时，才能带动生理潜能的共同开发。因此，从广义角度，任何潜能都属于心理潜能。

其实，古时候，人们已经学会通过一些途径去考察人的潜能。

比如，古罗马的将军们在评价士兵的战斗能力时，会奉行一条简单的原则：在危急时刻看某士兵的脸色是发红还是发白，脸色发白的士兵常被委以重任。在将军们看来，他们的多年作战经验告诉他们，人在紧急情况下如果脸色发白，那么表示他们大多冷静、坚韧，具有必胜的信念；而在紧要关头脸色发红者，则容易动怒，或易陷入惊

慌、恐惧，而在日常生活中，这类人又往往过于自信。

虽然上述观点古老，但是未必没有科学依据。现代科学家发现，人体的肾上腺能够分泌两种激素：肾上腺素和去甲肾上腺素。脸红者的肾上腺素水平较高，这种状况会使人在遇到困难后容易不安或恐慌。去甲肾上腺素水平较高者，遇事脸发白，这种激素会使他们在精神负担下保持生理和心理的平稳。因此，研究人员也在寻求合理的方法，希望可以调控上述激素水平，以使人的某些精神状态和潜在的能力得到控制，使其尽可能地发挥到最佳状态。

研究人员发现，人们通过借助心理测试、描记心动图、测动脉血压和脉动等科学途径，能够监测人在一定情境下所表现出来的潜能和弱点根源。在使当事人获悉这些情况后，潜能专家可通过特殊的方法使求助者逐步克服弱点，发挥潜能。

我们都知道，任何人的成功都不是与生俱来的。人之所以能成功，最根本原因在于开发了人的无穷无尽的潜能。每个人都具有很大的潜能，但是因为它不是表露在外的，加之我们又很难意识到它的存在，所以我们往往无法发挥出潜能的作用，也就很难成功了。

那么，如何才能将潜能释放出来呢？

心理学家认为，能够发挥潜能的人都有强烈的欲望。当这种欲望达到一定程度的时候，人的潜能就会爆发出来。在人的一生之中，我们多少都会遇到一些陷阱，而这些陷阱之中，最为可怕的一种是你亲自挖掘的陷阱——贪婪。因为贪心，你会忽略你的弱点，不顾一切去满足你的欲望。这时，即使危险摆在你面前，你也无法去理会、去避

让，贪心遮住了你的眼，使你无法看到危险所在：

据说东南亚一带，有一种非常有趣的捕捉猴子的方法。它的奥妙就在于利用了一个"贪"字。

具体方法如下：

当地人用一个木箱子，将一些美味的水果放在里面，箱子上开了一个小洞，大小刚好够猴子的手伸进去。

如果猴子抓了水果就无法将手抽出来，除非它把手中的水果丢下，但大多数猴子不愿放下手中的东西，以致猎人来了之后，就可以不费吹灰之力将他们捉住。

人们可能会笑猴子真傻。但是人们是否想到，很多时候，自己的行为和这样的猴子也是一样的呢？

生活中，人们为了一些蝇头小利，有时候可能不惜牺牲自己的健康、时间、道德原则，甚至违背法律，等等，最终得不偿失，而自己却浑然不知。

有一个人，偶然在地上捡到一张百元大钞，他为这笔意外之财感到无比开心。为了不错过这样的好运气，为了得到更多这样的意外收获，他后来总是低着头走路。时间长了，低头走路成了他的一种生活习惯。时间如白驹过隙，转眼多少年过去了，据他自己的统计，总共拾到纽扣3.9万多颗，针4万多根，钱则只有几百块，而这时的他，已经成了一个严重驼背的人。而且在过去的几年中，他错过了太多落日的绮丽、幼童的欢颜、大地的鸟语花香。

由此可见，贪婪是无比可怕的，不仅能够摧毁有形的东西，而且

能搅乱一个人的内心世界，让人忘记自己的使命和责任。更为可怕的是，如果人贪婪成性，人的自尊，人所恪守的原则，都可能消失殆尽。

当然，我们也要注意到，一个人能否从逆境中走出来，还是受到情商所影响的。这正如一些心理学家所说："情商之所以能发挥出异乎寻常的功效，关键在于它是对现实的能动适应。只有在现实冲突中，情商才能有所作为。高情商者都是敢于正视现实，勇于与现实作斗争的人，他们都有一部血与泪交织着的艰辛的奋斗史。"

现实是残酷的，但也正是这种残酷才成就了其难得的精彩和美丽。只有在失败的砧铁上不断锤炼，才能锻造出铁的品质。其实，要正视现实，最重要的就是要正视失败。战胜失败，就必定会迎来美好的现实。

其实，在逆境中的无所畏惧者，都具较高的情商。我们知道，人的情绪在逆境中会极端消沉，而高情商者则能很快走出失败的阴影，自我拯救。可以见得，情商高的人对现实的适应性强，集中地体现在挫折承受能力上。

著名影星史泰龙的健身教练哥伦布，曾对史泰龙做出这样的评价："史泰龙从来不惧怕失败，他的意志、恒心与持久力都令人惊叹。在逆境中，他善于调整自己的情绪，他是一个行动专家，他从来不让自己情绪低落，从不在消极的思想中等待事情发生，他主动令事情发生。"

如果现实是失败，那我们就要勇敢承受，但是不能消极被动，而是要努力寻求转败为胜的契机。而转败为胜的关键就在于信心。只要

逆境生长，成就人生

我们建立起必胜的信心，努力奋斗，坚持到底，就必定能突破困境，走向成功。

第二章 在逆境中生存

◎ 在潜意识里战胜逆境

根据现代心理学理论，所谓的意识，就是指人所特有的反映客观现实的高级形式。而潜意识，是指人没有意识到的心理活动。

弗洛伊德说："冰山浮在海平面可以看到的一角，是意识；而隐藏在海平面以下，看不见的更广大的冰山主体便是潜意识。"

心理学家弗洛伊德和布洛伊尔在治疗癔病时发现，患者不能意识到自己的一些情绪经验，但是在催眠状态中，却能够回忆起自己的有关病症的经验，并且感到心情舒畅。同样，正常人也有很多心理能力是自己体察不到的。例如科学家发现，人类贮存在脑内的能量大得惊人，但是到目前为止，人类普遍只开发了大脑能量的5%，约有95%的大脑潜能尚待开发与利用，即使像爱因斯坦这些科学精英，其大脑的开发程度也只达到13%左右。

据科学家研究表明，一个人，如果能够发挥大脑的一半功能，就可以轻易地学会40种语言，背诵整部百科全书，拿12个博士学位。如果能够察觉到这些能力并加以开发，成功就不是难事。这正如一位心理学家所说："相信你自己其实有更大的潜力，你才更有勇气面对困难！"

在练习室的钢琴上，摆着一份全新的乐谱，一个音乐系的学生走了进来。

"超高难度……"他翻着乐谱，喃喃自语，感觉自己对弹奏钢琴的信心似乎跌到谷底，消靡殆尽。已经三个月了！自从跟了这位新的教导教授之后，不知道，为什么教授要以这种方式整人。勉强打起精神。他开始用自己的十指奋战、奋战、奋战……琴音盖住了教室外面教授走来走去的脚步声。

指导教授是个很厉害的音乐大师。

授课的第一天，他给自己的新学生一份乐谱并说："试试看吧！"乐谱的难度颇高，学生弹得生涩僵滞、错误百出。"还不成熟，回去好好练习！"教授在下课时，如此叮嘱学生。

学生练习了一个星期，第二周上课时正准备让教授验收，没想到教授又给他一份难度更高的乐谱，说："试试看吧！"上星期的课教授也没提。学生再次挣扎于更高难度的技巧挑战。

第三周，更难的乐谱又出现了。学生每次在课堂上都被一份新的乐谱所困绕，然后把它带回去练习，接着再回到课堂上，重新面临两部难度的乐谱，却怎么样都追不上进度，一点也没有因为上周练习而有驾轻就熟的感觉，学生感到越来越不安、沮丧和气馁。教授走进练习室。学生再也忍不住了，他必须向钢琴大师提出这三个月何以不断折磨自己的质疑。

教授没开口，他抽出最早的那份乐谱，交给了学生。

"弹奏吧！"他以坚定的目光望着学生。

不可思议的事情发生了，连学生自己都惊讶万分，他居然可以将这首曲子弹奏得如此美妙、如此精湛！接着，教授又让学生试了第二

堂课的乐谱，学生依然表现出了超高的水准！演奏结束后，学生怔怔地望着教师，说不出话来。

"如果，我任由你表现最擅长的部分，可能你还在练习最早的那份乐谱，就不会有现在这样的程度……"钢琴大师缓缓地说。

人，往往习惯于表现所熟悉、所擅长的领域。但如果我们愿意回首，细细检视，就会惊奇地发现：那些看似紧锣密鼓的工作挑战，永无歇止难度渐升的环境压力，在不知不觉间就让人养成了今日的各种能力。所以说，人确实有无限的潜力！

但是我们又不得不承认，尽管我们可以通过实验定性测量人体的极限，但却无法定量。也就是说，人的潜能具有不确定性，要到什么程度才算是极限，是无法定量的。譬如，以前跑100米时，有人预测极限是10秒，但现在田径场上百米赛跑记录达到了9.63秒，而与此同时，还有很多运动员在为突破这个纪录而不懈努力着。

根据心理专家测定，潜意识的力量是有意识力量的3万倍。人脑兴奋时，只有10%~15%的细胞在工作，可储存多达10个信号，而留在记忆中的却只有少部分。所以，一般人的阅读速度为每小时30~40页，经过训练的人却能达到每小时300页。可见，只要发掘隐藏在人体内的潜在力量，就可以克服人类遗传性的弱点。

许多人喜欢看NBA的人都知道，那里面有一个了不起的人物——博格士。

据说，博格士是NBA有史以来破纪录的矮子球员，他的身高只有1.6米，但这个矮子可不简单，他是NBA表现最杰出、失误最少的后卫

逆境生长，成就人生

之一，不仅控球一流，远投精准，甚至在高个队员中带球上篮也毫无所惧。观看博格士的比赛就像看一只小黄蜂在满场飞奔，人们总忍不住赞叹：他不只安慰了天下身材矮小而酷爱篮球者的心灵，也鼓舞了平凡人内在的意志，让人们更有信心为自己的梦想去拼搏。

很多人也许会问，博格士的球技是天生的吗？当然不是，而是意志与苦练的结果。

博格士从小就长得特别矮小，但他非常热爱篮球，几乎天天都和同伴在篮球场上打球。当时他就梦想有一天可以去打NBA，因为NBA的球员不只待遇奇高，而且也享有风光的社会评价，是所有爱打篮球的美国少年最向往的梦。

博格士曾告诉他的同伴说："我长大后要去打NBA。"同伴们听到他的话，都忍不住哈哈大笑，甚至有人笑倒在地上，因为他们认为一个1.6米的矮子是决不可能进NBA的。尽管嘲笑声不绝于耳，但是，博格士的志向依然如故，他坚信自己是一个天才，并不是上帝创作的劣质品。然后，他开始用比一般高个子多几倍的时间练球，最终，他用行动和实力证明，自己是一个全能的篮球运动员，也是最佳的控球后卫。在球场上，他充分利用自己矮小的"优势"——行动灵活迅速，不引人注意，抄球常常得手。他就像一颗子弹一样，一旦瞄准，决不失误。

生活中，每个人都遭遇过逆境，很多人也都有过仕途的失意、生活的不顺，甚至有时候还能遇到喝凉水塞牙的事。然而，从某种意义上说，逆境也不全然是件坏事，逆境是最能锻炼人的，只要你敢于突

破，你会从中受益良多，成长很多。

　　成功属于迎难而上的人。如果你在逆境面前退缩了、避让了，那么逆境就会牢牢地缠住你，但如果你能不畏惧逆境，不断寻找突破的机会，那么，你将会很容易地摆平一切烦恼、艰辛和厄运，迎来属于你的美好生活，甚至是人生的成功和精彩。

逆境生长，成就人生

◎ 让逆境成为你的动力

对于意志顽强的人来说，逆境是一所很好的学校。既然无法逃避，那就勇敢面对，争取在逆境中走出来，走向成功。

正所谓失败是成功之母。其实我们生活和工作中的每一次失败，每一次打击，每一次挫折，都蕴藏着成功的种子。真正的失败，不是我们遭遇了失败，而是不能从失败中站起来再战。

已故的作家威廉·伯利梭曾写过这样一段话：人生最重要的不是以你的所得做投资，任何人都可以这样做。真正重要的是如何从损失中获利，这才需要智慧，也才显示出人的睿智与愚蠢。

由此可见，逆境是通往人生成功巅峰的必经之路。

在美国佛罗里达州，曾有这样一位快乐农夫，他将一个有毒的柠檬做成了可口的柠檬汁。当他买下农地时，他的心情十分低落。土地贫瘠，不但不能植果树，而且连养猪都不适宜。只有一些灌木与响尾蛇可以在此生存。

后来，他突然有了一个想法，他决定要利用这些响尾蛇，将负债转化为资产。于是，他不顾大家的惊异与反对，开始生产响尾蛇肉罐头。终于，经过了几年的奋斗之后，平均每年都会有两万名游客来参观他的农庄。他的生意好极了。在他的农庄里，游客们可以亲眼看到毒液被抽出后送往实验室制作血清，蛇皮以高价售给工厂，生产女鞋

与皮包，蛇肉装罐运往世界各地，连当地的风景明信片上都写着"佛罗里达州响尾蛇村"。

威廉·詹姆士说过："我们最大的弱点，也许会给我们提供一种出乎意料的助力。"这个农夫的故事正是应验了这句话。

传说，在意大利的一个偏僻的小镇上，有一个特别灵验的山洞，里面有一池山泉，可以医治各种疾病，特别神奇。

有一天，一个拄着拐杖，少了一条腿的退伍军人，一跛一跛走过镇上的马路，旁边的镇民带着同情的口吻说："唉！可怜的家伙，难道他要向上帝祈求再有一条腿吗？"

这句话被退伍军人听到了，他转过身来对他们说："我不是向上帝祈求有一条新的腿，而是要求他帮助我，使我失去一条腿后，也知道如何过日子。"

是的，对于一个残疾人来说，知道如何靠一条腿仍可以过日子，也是一种启示。学习为所失去的感恩，也接纳失去的事实，不管人生的得与失，毕竟仍有可为之处，总叫生命不至于虚掷闲荡。所以说，只要你的心灵没有缚上夹板，那你就不是残废的。

有失必然会有所得。如果弥尔顿没有失去视力，可能写不出如此精彩的诗；如果贝多芬没有耳聋，可能也无法创造出更动人的音乐作品。如果海伦·凯勒没有耳聋目盲，她的创作事业也许不会那么成功。如果托尔斯泰与陀斯妥耶夫斯基的命运没有那么悲惨，也许不能写出流传千古的动人小说；如果柴可夫斯基的婚姻不是这么悲惨，甚至要去自杀，他可能难以创作出不朽的"悲怆交响曲"。

伟大的科学家达尔文曾说："如果我不是这么无能，我就不可能完成所有这些我辛勤努力完成的工作。"很显然，他的成功与自身的弱点有很大的关系。

达尔文在英国诞生的同一天，在美国肯德基州的小木屋里也诞生了一位婴儿。他也是受到自己缺陷的激发，他就是亚伯拉罕·林肯。如果他生长在一个富有的家庭，得到哈佛大学的法律学位，又有完满的婚姻，他可能永远不能在葛底斯堡讲出那么深刻动人、不朽的词句，更别提他连任就职时的演说——可算是一位统治者最高贵的优美的情操，他说："对人无恶意，常怀慈悲于世人……"

所以，尽管你可能健康不佳，缺少金钱，没有受过教育，或是婚姻关系不快乐，这些缺陷都可以帮助你，促使你与它们斗争，成为你进步的动力之源。宽容你的缺陷，并不意味着对它们放任自流，而是将这些缺陷转化为成功的根本因素，使它们成为你的优势。

世界著名的小提琴家欧尔·布尔在巴黎的一次音乐会上，忽然小提琴的A弦断了，他面不改色地以剩余的三条弦奏完了全曲。佛斯狄克说："这就是人生，断了一条弦，你还能以剩余的三条弦继续演奏。"

所以说，我们无论有什么样的缺陷，生命都要继续，无论它们看起来有多么巨大，即使它使得你的人生失去了重要的一条弦，两条弦，你还依然拥有剩下的。不要让缺陷成为禁锢你的牢笼，对缺陷宽容一些，你会发现你收获的不仅仅是心灵上的轻松与愉悦，你会得到人生最珍贵的馈赠——成功。所以，命运交给你一个酸柠檬，你得想法把它做成甜的柠檬汁！

有这样一句俗语，是冰冷的北极风造就了爱斯基摩人。即使你所认为的缺陷真的使你感到灰心，甚至看不出有任何转变的希望，那么你最起码也应该有一试的理由，下面这两个理由，看后让你感觉更好。第一个理由：我们有可能成功；第二个理由：即使未能成功，这种努力本身已迫使我们向前看，而不是只会埋怨，它会驱除消极的想法，代之以积极的思想。它激发创造力，促使我们忙碌，也就没有时间与心情去为那些忧伤了。

　　总之，一个大无畏的人，面对恶劣的环境，会更加的勇敢坚强，这样的人，敢于面对任何困难，轻视任何厄运，嘲笑任何阻碍；因为忧患、困苦对他来说，都不算什么，根本不会伤害到他，反而会增强他的意志、力量与品格，让他有能力和那些伟大而成功的人物并驾齐驱！

逆境生长，成就人生

◎ 在逆境中生存

人生不如意之事十之八九，坎坎坷坷是在所难免的。人的一生毕竟要经过几十年的漫长岁月，在此期间，一个人一定会碰到一些令人不愉快的情况。尽管如此，我们也可以有所选择。既然它们不可避免，那么我们就去接受，并且努力适应它。当然，我们也可以因此而忧虑痛苦，甚至将自己弄得精神崩溃。我们是在逆境中求生存，还是在逆境中沉沦，全凭自己做主。

汉朝有个叫孟敏的人，在市集上买了一个陶罐，准备回家盛米用。可是在他赶路回家的时候，一不小心，将陶罐摔碎了。但是孟敏连看都不看一眼，头也不回，继续往前走。这时候，和他同路的朋友郭泰感觉很奇怪，就问："你的罐子打碎了，怎么连看也不看一下呢？"孟敏说："罐子已经打碎了，看看又有什么用呢？"这就是"坠瓦不顾"的故事。

人生不如意，十之有八九。无法改变的事，忘掉它；有机会去补救的，抓住最后的机会。后悔、埋怨、消沉不但于事无补，反而会阻碍新的前进步伐。

我们也不得不承认，接受和适应那些不可避免的事情并不容易，可是为了活得更好，我们也必须去学会接受。叔本华说："能够顺从，这是你踏上人生旅途中最重要的一课。"所以，我们不但要说

第二章 在逆境中生存

到，更要做好！

通过对生活的体验和感悟，我们可以看到，环境本身并不能使我们快乐或者不快乐，我们对周遭环境的反应才能决定我们的感受。必要的时候，我们都能够忍受得住灾难和悲剧，甚至战胜它们。我们以为自己办不到，但我们内在的力量却坚强得惊人，只要善于加以利用，我们就能借此克服一切困难。

一个名叫塔金顿的人曾说过："人生加诸我的任何事情，我都能接受，除了一样——瞎眼。那是我永远也没有办法忍受的。"然而，命运偏偏跟他开了一个玩笑，在他60多岁的时候，有一天，他低头看着地上的地毯，却发现自己无法看清楚地毯的花纹。他去找了一个眼科专家，知道了一个不幸的事实：他的视力正在减退，有一只眼睛几乎全瞎了，另一只也即将会瞎。

没想到，他最怕的事情终究还是发生了。

面对自己最无法忍受的灾难，塔金顿有什么反应呢？他是不是觉得"这下完了，我这一辈子就此完了"呢？

令我们感到吃惊的是，他不但没有做出一些消极的反应和抵抗，反而是活得非常开心和快乐。他甚至还开启了他的幽默感，以前，浮动的"黑斑"令他难过，它们会遮断了他的视线。可是现在，当那些最大的黑斑从他眼前晃过的时候，他却会说："嘿，又是黑斑老爷爷来了，不知道今天这么好的天空，它要到哪里去。"

后来塔金顿完全失明了。他说："我发现我能随我视力的丧失，就像一个人能承受别的事情一样。要是我五种感官全都丧失了，我知

道我还能继续生存于自己的思想之中，因为我们只有在思想里才能够看，只有在思想里才能够生活，不论我们是否知道这一点。"

为了恢复视力，塔金顿在一年内接受了12次手术。他知道，这都是自己必须去做的事情，他知道自己没有办法逃避，所以唯一能减轻他痛苦的办法，就是爽爽快快地去接受它，所以他从来都不能害怕。

他拒绝在医院里用私人病房，而和其他病人一起住进大病房。在他必须接受好几次手术时，他还试着使大家开心——而且他很清楚在他眼睛里动些什么手术——他只是尽力让自己去想他是多么幸运。

他说："多么好啊，多么美妙啊。现代科学发展得如此之快，能够在人的眼睛这么纤细的部位动手术。"

常人其实很难想象，忍受12次以上的手术，一年之中的大部分时间都要处于不见天日的状态，那是怎样的一种生活？

可是，塔金顿说："我可不愿意把这次经验拿去换一些更开心的事情。"这件事教会他如何接受不可改变的事实，这件事使他了解到，生命所能带给他的没有一样是他力所不及、不能忍受的。塔金顿的故事也正好验证了约翰·弥尔顿所说的那句话："瞎眼并不令人难过，难过的是你不能忍受瞎眼。"

当我们遇到一些不可改变的事实时，纵然我们选择退缩，或是加以反抗，为它难过，但无济于事，我们根本无法改变这事实。可是，我们虽然改变不了事实，但是我们可以改变自己。但这并不是说，在碰到任何挫折的时候，都应该忍气吞声。无论在哪一种情况下，只要还有一点挽救的机会，我们就要奋斗。为自己可以获得权利而战。

没有人能有足够的情感和精力，既能抗拒不可避免的事实，又能利用这些情感和精力去创造新的生活。你只能在这两者之间选择其一，你可以面对生活中那些不可避免的暴风骤雨之时而弯下自己的身子，你也可以抗拒它们而被摧折。

所以，在曲折的人生旅途上，如果我们也能够承受所有的挫折和颠簸，我们就能够活得更加长久，我们的人生之旅就会更加顺畅！反之，如果我们不承受这些挫折，而是去反抗生命中所遇到的挫折的话，那么我们就会产生一连串内在的矛盾，就会忧虑、紧张、急躁而神经质，在痛苦中度过一生。

如果我们再进一步，抛弃现实世界的不快，退缩到一个我们自己所造成的梦幻世界里，那么我们就会精神错乱了。

因此我们说，面对逆境，我们要心平气和，急躁冒进只会导致失败。正如普希金所说的："假如生活欺骗了你，不要悲伤，不要心急！忧郁的日子里需要镇静：相信吧，快乐的日子将会来临。"

有一句古老的格言说得很好——"对必然之事，且轻快地加以承受"。在今天这个充满紧张、忧虑的世界，忙碌的人们比以往更需要这句话：接受不可避免的事实，在逆境中奋起，求得新生；在积极乐观的心态下，快乐地生活。

◎ 信心助你走出逆境

我们都听说过这样一句话："冬天已经来临，春天还会远吗？"

是的，有了希望，就不会害怕失望。只要你的心中有阳光，即使你处在寒冷的冬天，你也能闻到春天的气息；只要你心中有阳光，即使你被逆境所困，满天的乌云总会被它所穿透；只要你心中有阳光，即使你被挫折和失败一次次打倒，你同样可以在100次的失败后，101次地站起来，把苦涩的微笑留给昨日，用不屈的毅力和信念赢得未来。

在信心面前，一切逆境无所谓逆境，一切困难无所谓困难，我们只要贯穿信念的力量，时刻在心中洒满阳光，就能战胜一切。

记得有人说过："我成功，是因为我志在成功。"可见，信心是一个人走出逆境的法宝。如果没有这个作为信念，没有毅然的决心与信心，当然成功也就与你无缘了。

世界知名的演说顾问兼作家多罗西·莎诺芙记述了一段她自己的故事。

大学毕业后，她不幸丢掉了第一份工作。她说："离我开始做第一份工作还有几个星期，我的第一份工作是在圣路易市立歌剧院做临时女替角，我感冒了，喉咙发炎。我很笨，竟然没有停止排练，结果喉炎越发严重，最后就失声了。我只好保持安静，希望到圣路易的时候就可以复原，但我错了。我的声音还是不对劲，但没办法，我还

是想按照预定计划，站在舞台前，面对满座的观众，与文森特·普莱斯同台演出。我不想让我的第一份工作就这样完蛋了，于是我跑去找国内顶尖的喉科专家。'我想你不能再唱歌了，'他说，'你可以说话，但我怀疑你是否还能唱歌。'我的第一份工作就这样失去了。"

"我茫然若失，这是任何一个歌手结束事业的前兆。医生打算做声带手术。我很欣赏的一位歌剧女高音就做过这种手术，但她的声音却从此大不如前。除了手术，我还有另一种选择：完全不出声，让声带有痊愈的机会。我就这么办了，4个半月里完全不吭一声，一个字也没说。后来，我被允许悄悄低声说10个字。之后，被允许用正常的声音说出10个字。回音就像钟楼的钟声一般，令人难忘。

"6个月之后，我成为纽约大都会歌剧试唱的最后人选，如果我还在圣路易工作，就不可能发生这样的事。但从圣路易那次失败后，我变成了纽约市歌剧院的首席女高音，在13场歌剧演出中，和格特鲁德·劳伦斯合演《国王与我》，并在所有俱乐部里演出，还曾5次出演埃德·沙利文的剧目。"

除此之外，多罗西·莎诺芙还是世界知名的演说顾问。她说："当我失去声音时，我发誓要学习所有和声音相关的知识，不让我的悲剧降临在我认识的人身上。在这个过程中，我学到如何改变说话的方式，例如降低音量，改变共鸣音等，我的第二个事业就此展开了。"

执着，是人们事业成功的必备要素之一。任何事情缺少坚持都无法做到最后，做到最好。在奔向目标进程中，我们无法一步成功，但

是只要我们拥有令人激动的目标，我们奔向目标的方向是正确的，我们就必须抱定"咬定青山不放松"的态度，只有坚持到底，才能赢得胜利。

达尔文在一个动物园中工作20年，有时成功，有时失败，但他锲而不舍，因为他自信已经找到线索，结果终得成功；因为信心，大音乐家瓦格纳即使遭受同时代人的批评攻击，他也依然战胜了困难，获得了成功；因为有人相信可以征服黄热病，即使它已经流传许多世纪，导致死的人不计其数，也无法阻止科学家研究的脚步，终于，科学家迎来了胜利的曙光。

由此可见，信心的力量惊人，它能改变恶劣的现状，造成令人难以相信的圆满结局。充满信心的人永远不倒，他们是人生的胜利者。所以说，在成功者的足迹中，信心的力量起着决定性的作用。如果你要想事业有成，就必须拥有无坚不摧的信心。

有人说："成功的欲望是创造和拥有财富的源泉。"

人一旦拥有了这一欲望，在自我暗示和潜意识激发后，就会形成一种信心，这种信心会转化为一种"积极的感情"。它能够激发潜意识释放出无穷的热情、精力和智慧，帮助其获得巨大的财富与事业上的成就。所以，有人把"信心"比喻为"一个心理建筑的工程师"。

许多人认为：有成就才会有信心，没有成就自然就没有信心可言。其实，这是一种十分消极的、错误的观点，没有信心何来的成就呢？

全国各地每天都有不少年轻人开始新的工作，他们都希望登上更

高的阶梯，享受随之而来的成功果实。但是他们大多不具备必需的信心与决心，因此他们无法达到顶点。因为他们根本没想过自己能够达到，以至于根本找不到攀登颠峰的通路，他们的作为只能停留在一般人的水平上。

有一些人，他们相信总有一天会成功。他们抱着一种积极的态度来进行各项努力，最终，他们凭着坚强的信心实现了自己的梦想。人们的智慧是无限的。在现实生活中，信心一旦与思考结合，就能激发潜意识来激励人们表现出无限的智慧和力量，使每个人的欲望转化为物质、金钱、事业等方面的有形价值。

逆境生长，成就人生

◎ 培养坚定的耐心

逆境磨炼出耐力，经历过逆境，并能扛得住逆境的人，最后一定拥有非凡的耐心和毅力。而这点也是成功的必备条件之一。有了耐心，你就能有足够的力量去克服巨大的障碍。所以，当你遭遇困难时，不要灰心丧气，因为你可以借此发现个人的弱点。

也许你的缺点是容易对竞争者做出草率的判断，又或许你的眼光太狭隘，而忽略了许多该做的事情。逆境可以指引你，告诉你自己犯错的地方，并培养你所缺乏的特质。没有人会因为失败而感到喜悦，但如果你有成功的欲望，便可以将其变成改善自己性格弱点的大好机会，从而更接近成功。

全世界的人都知道，美国人向来做事急躁，这是他们的民族独特性。他们这种追根究底、不达目的决不罢休的精神，正是他们最大的力量来源。然而，这种凡事求快的个性，同时也是一项缺点，它使美国人变成全世界最没有耐心的民族。

在战场上，很多美国士兵都发现，他们致命的弱点就是缺乏耐心。因为没有耐心，他们不能沉着应战，经常无谓地暴露在敌人的炮火之中。

其实，商场如战场。在商场上，我们往往要求在最短的时间内签约成交，因为太过于急功近利，时常不能从容地全盘谋划。由于我们

缺乏耐心，急着想要"得手"，极有可能把重要的优势让给蓄谋已久的对手，使自己做过了成交的机会。

富兰克林说过："有耐心的人，将无往而不胜。"

托马斯·约翰·沃森出生于纽约北部一个农民的家庭，一家人靠父母伐木和种地维持生活。由于家境贫寒，约翰·沃森并未受过多少正规的教育。为了减轻父母的压力，他便放弃读书，开始出门做事。

他的第一份工作是为一个经营五金的商人推销商品，周薪12美元。后来，有人告诉沃森，推销员通常拿的是佣金，而不是工资。若按业绩算，沃森应得的周薪是65美元。他感到很气愤，便毅然辞去了工作。

后来，他又给一个名叫巴伦的推销员作助手，佣金还算丰厚。赚了一些钱之后，他开了一家肉店，一心梦想着要缔造一个零售业的帝国。然而有一天，巴伦却卷款而逃，使沃森陷入破产。面临破产，沃森没有就此趴下，他卖掉了肉店，又在一家专卖收款机的公司找到了一个职位。

第一次推销收款机，他以失败告终，而且结果非常糟糕。老板对他进行了严厉训斥，沃森被骂得六神无主，但是，有着惊人忍耐力的沃森，在这种羞辱中坚持了下来。

一年后，他已成为地区中最成功的推销员，周薪100美元，不久他又成为首席推销员。

几年后，沃森成了这家公司的销售部经理。由于他的成功业绩，使公司现金收款机的销量直线上升。然而，就在此时，一场官司却使

沃森和他的另外几位同事被判处1年徒刑及罚款。最后，沃森以5000美元的代价获得保释。

又过了一年，沃森由于遭人诬陷，而被老板逐出了他所在多年的公司。

此时的沃森已近不惑之年，但事业上的挫折并未将他击倒。后来，经朋友引见，他认识了IBM前身的奠基者查尔斯·弗林特，并受聘到他的公司来工作。

开始，公司里一些地位高的人对沃森很不以为然，而且极端歧视他，但是，就是这样的环境下，沃森凭借自己惊人的耐力，忍辱负重地工作了10年。最终，他以自己的坚韧和不屈不挠，以及卓越的领导才能和经营魄力，证明了自己的能力，最终赢得了大家的认同和好感。随着公司不断地成长壮大，沃森也逐渐登上了自己事业的巅峰。

沃森的故事告诉我们，成功需要耐心，但是耐心也需要特别的勇气，对一个理想或目标全身心地投入，而且能够不屈不挠、坚持到底。

因为有执着的理念，让爱迪生发明了电灯，使沙克发明了小儿麻痹疫苗，让希拉利有勇气爬上艾维斯特峰，鼓舞海伦·凯勒超越严重的肢体残障而获致成功。

那么，如何培养耐心呢？

很简单，只要你确定人生的目标，专注于你的目标，直到你内心充满炽烈的欲望，你所有的意念、行动及祈祷都朝着那个方向前进。

执着会让你更有耐心，朝着自己的目标，坚定不移地走下去，你就会成功。

◎ 在逆境中崛起

人要想在逆境中崛起，就须有坚忍不拔的毅力，而坚忍的毅力来源于对事业孜孜不倦的追求。这种对目标的追求和向往，能激发出人的无比巨大的潜在力量，帮助人们战胜难以想象的困难，最终赢得成功。

1832年，林肯失业了，为此他感到非常伤心。当时，他下决心要当政治家，当州议员。但令人深感遗憾的是，他的竞选也失败了。在一年里遭受两次打击，这让他痛苦不堪。

后来，林肯打算自己创业，可一年不到，这家企业又倒闭了，在以后的17年间，他不得不为偿还企业倒闭时所欠的债务而到处奔波，历尽磨难。

但是，林肯依然没有放弃当议员的梦想，他再一次决定参选州议员，这次他成功了。他内心萌发了一丝希望，认为自己的生活有了转机："可能我可以成功了！"

1835年，他订婚了，但离结婚还差几个月的时候，未婚妻不幸去世。此时的他，已经无法承受这么沉重的打击，变得心力交瘁，数月卧床不起。1836年，他得了神经衰弱症。

从企业倒闭、情人去世、竞选败北，虽然他经历了很多失败和挫折，但是他依然没有放弃前行的脚步，依然坚持着，朝着自己的目标

努力。要是碰到这一切，你会不会选择放弃呢？

不管别人如何，林肯没有放弃。1846年，他又一次参加竞选国会议员，最后终于当选了。很快，两年任期就过去了，他决定要争取连任。他认为自己作为国会议员，有很出色的表现，选民会继续选举他。但结果很遗憾，他落选了。因为落选，他还赔上了一大笔钱。

于是，林肯申请当本州的土地官员。但州政府把他的申请退了回来并在上面指出："做本州的土地官员要求有卓越的才能和超常的智力，你的申请未能满足这些要求。"

接连两次失败。在这种情况下，你会坚持继续努力吗？然而，林肯没有服输。

1854年，他竞选参议员，又失败了，两年后他竞选美国副总统提名，结果被对手击败了；又过了两年，他再一次竞选参议员，还是以失败告终。

在多年的选举之路上，林肯一共尝试了11次，可只成功了2次。他一直没有放弃自己的追求，他一直在做自己生活的主宰。1860年，他终于成功当选为美国总统，而且他还成为了美国历史上最有名的总统之一。

林肯，一个看似没有卓越才能和超常智力的人，却在最后取得了人生的辉煌。为什么？因为他在困难面前没有选择退却和放弃，而是以一种平和的心态一直坚持到了最后。

对于一个人来说，每一样都非常突出是不太现实的，但是对于一个人来说，只有这一点就足够了——遇到困难的时候持之以恒地坚持

下去。

　　童年的舒伯特就对音乐产生了浓厚的兴趣。长大后，虽然生活困苦不堪，但丝毫没有影响他对音乐的热爱。

　　一天，他被饥饿折磨得焦躁不安，在大街上漫无目的地走着，忽然被酒店的菜香所吸引，不由自主地走了进去。在那里绅士们正饮着美酒，享受着美食佳肴。饥肠辘辘的舒伯特多想吃上一点什么东西充饥，可是他口袋空空，没有一文钱。他坐在一边，随便翻着一张旧报纸。忽然，有几首儿歌一下子触动了他无限悲凉的心，灵感刹那间涌上心头，他立即掏出纸笔，飞快地记录下脑中盘旋的儿时的记忆和现实的凄凉，整个乐曲一挥而就，这就是闻名后世的《摇篮曲》。

　　虽然饿得发昏，但是他仍然想着音乐，这是舒伯特没有倒下去的一个顽强支点。凭着这信念，他以异乎寻常的坚忍之心，在艰难困苦之中迈出坚实的步伐。

　　美国前总统尼克松因水门事件被迫辞职之后，久久沉浸在失败的忧愤和痛苦之中。媒体的穷追猛打，朋友唯恐避之不及，两次当选的辉煌，与现在的穷途末路形成强烈反差。这一切，使得62岁的尼克松患上了内分泌失调和血栓性静脉炎，他几乎是在苟延残喘地度日。然而尼克松没有在不利的环境中倒下，他及时地调整了自己的心态，告诫自己："批评我的人不断地提醒我，说我做事不够完善，没错，可是我尽力了。"

　　他不畏惧失败，因为他知道还有未来。他始终相信，"勇往直前者能够一身创伤地回来"，他重新调整心态，迎接新的挑战，鼓励自

己从挫折中走出来。

在这之后，尼克松连续撰写并出版了《尼克松回忆录》、《真正的战争》、《领导者》、《不再有越战》、《超越和平》等著作，以自己独特的方式实现了人生应有的价值。

贝多芬也曾陷入了近乎绝望的困境中，在他才华横溢之时，他的双耳却失聪了。他一度无法接受这个残酷的现实，整天酗酒，甚至想过自杀。但是，音乐的力量又使他重建了信心，他以更坚强、更无畏的精神来正视现实。"我要扼住命运的咽喉！"这种伟大的精神，促使他在常人无法想象的痛苦中，创作了举闻名的《命运交响曲》。

从众多的成功故事中我们可以看出，真正优秀成功的人，都是高情商者，在逆境中寻求脱困之道。失败使强者愈强，勇者愈勇，也可使弱者更弱，甚至从此一蹶不振。

就像《真心英雄》里唱的那样："不经历风雨怎么见彩虹，没有人能够随随便便成功。"人生挫折难免，但只要我们处理得好，它就能为我们提供契机，使我们变得更成熟。

所以，即使身处逆境，我们也不要躲避，逆境是对意志的磨炼。在逆境中，我们要把握人生的每一分钟，向着心中的梦想全力以赴，决不放松。

第三章
坦然面对挫折

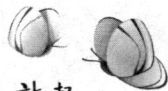

　　每个人都会遭遇挫折，跌倒后还有勇气站起来就是最大的成功。既然挫折是难免的，我们只有积极面对。只有自强者，才能在跌倒后还有勇气站起来；只有自强者，才会有勇气从跌倒中吸取教训，重新振作起来。

◎ 勇于面对挫折

人的一生，生下来，活下去，是一个充满各种故事的过程，过程的精彩与否，取决于你的经历如何。要想精彩，就不会尽是鲜花掌声和喝彩，必然会出现一些惊险刺激和磨难。

其实，无论你是否想要活得精彩，你都必须面临一些挫折和打击。无论是在工作还是生活中，人人都会遇到一些阻碍或者坎坷，有些是看到的，有些是看不到的。面对失败，需要的是沉着冷静，理性地对待；以失败为镜子，找出失败的原因，跨过去，便是成功。

一只虫子在墙壁上艰难地往上爬，爬到一大半，忽然跌落了下来。这已经是它第二次失败了。

然而，过了一会儿，它又沿着墙根，一步一步地往上爬了。

第一个人注视着这只虫子，感叹地说："一只小小的虫子，这样的执着、顽强；失败了，不屈服；跌倒了，从头干；真是百折不回啊！我遭到了一点挫折，我能气馁、退缩、自暴自弃吗？难道我还不如这只小虫子？"他觉得自己应该振奋起来。他也果断振奋起来了。

这只虫子再一次从墙壁上跌落下来……

第二个人禁不住叹气说："可怜的虫子！这样盲目地爬行，什么时候才能爬到墙顶呢？只要稍微改变一下方位，它就能很容易地爬上去。可是，它就是不愿反省，不肯看一看。唉，可怜的虫子！

看完了虫子，我还是看看自己吧。我正在做的那件事一再失利，我该学得聪明一点，不能再闷着头蛮干一气了——我是个有思维头脑的人，可不是虫子。我该感谢你，可怜的虫子，你启迪了我，启迪了我的理智，叫我学得聪明一些……"

果然，他变得理智而聪明了。

第三个人询问智者："观察同一只虫子，两个人的见解和判断截然相反，得到的启示迥然不同。可敬的智者，请您说说，他们哪一个对呢？"

智者回答："两个人都对。"

问者感到困惑，于是又问："怎么会都对呢？对虫子的行为，一个是褒扬，一个是贬抑，对立是如此鲜明。然而您却一视同仁，您是好好先生吗？你是不愿，还是不敢分辨是非呢？"

智者笑了笑回答道："太阳在白天放射光明，月亮在夜晚投洒清辉——它们是'相反'的。你能不能告诉我，太阳和月亮，究竟谁是谁非？假如你拿着一把刀，把西瓜切成两半——左右两边是'对立'的。你能不能告诉我，'是'和'非'分别在左右的哪一边？世界并不是简单的'是非'组合体。同样观察虫子，两个人所处的角度不同，他们的感觉和判断就不可能一致，他们获得的启示也就有差异。你只看到两个人之间的'异'，却没有看到他们之间的'同'：他们同样有反省和进取的精神。形式的差异，往往蕴含着精神实质的一致。表面的相似，倒可能掩蔽着内在的不可调和的对立。好，现在让我来问一问你：你的认识和我的认识，究竟谁是谁非？"询问者羞愧

地笑起来。

在这个故事里，我们学到了一个看似很简单但是却很珍贵的道理——当我们遇到困难的时候，一定要找准问题的关键所在，正确认识错误，只有这样才能走向成功。

"当你把所有的错误都关在门外，真理也就被拒绝了。"这是泰戈尔哲理诗中的一句名言。这句话意味深长且让人深省，向世人揭示出错误与失败，有着不菲的财富。换句话说，失败也是一种财富。

假如你吃了一百次闭门羹，那么希望就在第一百零一扇门里。

下面是一个大学毕业生找工作的经历。

他第一次面试，也是他记忆最深刻的一次面试。

那天，他揣着一家著名广告公司的面试通知，兴冲冲地提前10分钟到达了那座大厦的一楼大厅。当时他很自信，他专业成绩好，年年都拿奖学金。广告公司在这座大厦的18楼。这座大厦管理很严，两位精神抖擞的保安分立在两个门口旁，他们之间的条形桌上有一块醒目的标牌："来客登记"。

他上前询问："先生，请问1810房间怎么走？"保安抓起电话，过了一会儿说："对不起，1810房间没有人。""不可能吧！"他忙说道，"今天是我们面试的日子，您瞧，我这儿有面试通知。"那位保安又拨了几次："对不起，先生，1810还是没人，我们不能让您上去，这是规定。"

时间一秒一秒地过去，他心里虽然着急，也只有耐心等10分钟了。可是10分钟后，保安又一次彬彬有礼地告诉他电话没通。当时，

他压根儿也没想到第一次面试就吃了这样的"闭门羹"。面试通知明确规定："迟到10分钟，取消面试资格。"他犹豫了半天，只得自认倒霉地回到了学校。

晚上，他收到一封电子邮件，只见上面写道："先生您好！也许您还不知道，今天下午我们就在大厅里对您进行了面试，很遗憾您没通过。您应当注意到那位保安先生根本就没有拨号。大厅里还有别的公用电话，您完全可以自己询问一下。我们虽然规定迟到10分钟取消面试，但您为什么在别人帮助未果的情况下不再努力一下呢？为什么要自动放弃呢？祝您下次成功！"

我们常说："失败是成功之母。"这似乎已成了当今人常说的一句话，但行动和言语有时是不相一致的。当你的业绩单上出现"红灯"，或是在工作中遇到困难时，你的心中是否除了沮丧，别的可能一无所有？你是否意识到这失败之中孕育着成功的种子呢，或是成功的财富？对此，每个人的回答肯定不相同！在此颇有必要谈谈：失败是成功之母。

众人皆知伟大的发明家爱迪生，虽然他一生的成功不计其数，但是他一生的失败比成功更多。他曾为一项发明经历了八千次失败的实验，可能他人觉得他既浪费了时间又浪费了精力，但是他却并不以为这是个浪费，而是说："我为什么要沮丧呢？这八千次失败至少使我明白了这八千次实验是行不通的。"这就是伟人对待失败的态度。他总是从失败中吸取很多教训，总结不成功的经验，从而取得一项项建立在无数次失败基础之上的发明成果。失败固然会给人带来巨大的痛

苦，但更能使人有所收获；它既向我们指出工作中的错误缺点，又启发我们逐步走向成功。失败既是针对成功的否定，又是成功的基础，所以才这么说："失败是成功之母。"

所以说，世上根本没有一帆风顺的事。展望历史，那些出类拔萃的伟人他们难道不是从无数失败中获得成功的吗？如果人人都惧怕失败，那么那些"发明家"、"文学巨人"、"科学家"、"创新者"的美名岂不是轻易地落到每个人的头上去了？伟大的人物之所以会取得成功，是因为他们能正确看待失败，从失败中获取进步，从而踢开失败绊脚石，踏上了成功的道路。

我们，也要这样做！

第三章　坦然面对挫折

◎ 失败并不可怕

失败到来时，每个人所采取的应对方式会有所不同。如果你被失败所击倒，从此一蹶不振，继续失败下去，那么你将永远和成功失之交臂。当然，也有人没有被一时的失败而倒下，而是挺起胸膛，坚持勇敢地往下走，那么，这样的人一定是未来的成功者。

失败并不可怕，也没什么大不了的，重要的是我们如何面对失败，我们要不气馁，不灰心，不屈不挠，继续努力。谁能做到这一点，谁才有希望成功，否则这辈子都会与成功绝缘。

年轻时的瑞秋先生曾在俄亥俄州的美孚石油公司做事。

一次，他需要到密苏里州的茨堡玻璃公司去安装一架瓦斯清洁机，为的是要清除瓦斯里的杂质，使瓦斯燃烧时不至于损伤引擎。这是一种新的清洁瓦斯的方法，过去也曾试验过。可是他在密苏里州安装的时候却遇到了许多事先没有料到的困难，令他有些措手不及。经过一番努力之后，虽然机器勉强可以使用，但是远远没有达到他们保证的效果。对于这次失败，瑞秋先生感到十分懊恼，他觉得好像有人在他头上重重地打了一拳。他烦恼得简直无法入睡，感觉全身都是疼痛的。

但是冷静之后，他意识到烦恼不能解决问题。于是想出了一个消除烦恼的方法，结果效果显著。这个方法非常简单，可以分三个步骤：

第一个步骤：不要惊慌失措，冷静地分析整个情况，找出万一失败可能发生的最坏情况。

瑞秋先生当时分析道："没有人会把我关起来，或者把我枪毙，这一点我有把握。充其量不过丢掉差事，也可能老板会把整个机器拆掉，使投下的两万块钱泡汤。"

第二个步骤：找出可能发生的最坏情况，让自己能够接受它。瑞秋先生对自己说："我也许会因此丢掉差事，那我可以另找一份差事；至于我的老板，他们也知道这是一种新方法的试验，可以把两万块钱算在研究费用上。"

第三个步骤：有了能够接受最坏的情况的思想准备后，就平静地把时间和精力用来试着改善那种最坏的情况。

后来，不再烦恼的瑞秋先生做了几次试验，终于发现，如果再多花5000块钱加装一些设备，就可以彻底解决问题了。他们照这样做了，结果公司赚了一万五千块钱。

瑞秋先生后来回忆说："如果我当时一直烦恼下去，恐怕就不可能做到这一点了。惟有强迫自己面对最坏的情况，在精神上先接受了它以后，才会使我们处于一个可以集中精力解决问题的位置上。"

其实，你和我，我们大家都可以尝试瑞秋先生面对失败消除烦恼的方法，只要我们有梦想，不停止奋斗，想成就一番事业，我们就可以尝试，也许成功的就是我们。

人们总是期待着成功，但是成功不是唾手可得的，也不是一蹴而就的，要知道，成功者的道路往往是由失败铺成的，经历了失败，甚

第三章 坦然面对挫折

至经历了无数次失败，我们也一定能迎来伟大的成功。

丘吉尔是英国前首相、世界著名的政治家，他的伟大是世界公认的。在学生时代，他并没有取得什么成绩，老师认定他以后不会有出息。被迫无奈之下，父亲只好送他到军校，军队的生活使他开阔了视野，增长了知识，从此，他走上了政治舞台。

在20世纪，丘吉尔是伟大的政治家和演说家。刚开始演讲时，他一点儿也不顺利，有好几次都狼狈地失败了。于是，他废寝忘食地背演讲稿，反复练习，生怕会出错，可是却越怕越心慌。在遭到最后一次惨败后，他干脆放弃背演讲稿，从不怕笑话、不怕失败开始，他演讲得反倒很成功。

丘吉尔曾几次竞选首相失败，但他毫不气馁，仍然像"一头雄狮"那样去战斗，最后果真取得了成功。他说过："我想干什么，就一定干成功。"

他是一个曾被人们认为平淡无奇而又多次失败的人，如果他畏惧失败，历史上便不会有著名的丘吉尔。

在我们的生活和工作中，当我们的建议不被采纳、好心办错事、不被旁人理解，以及革新不成、经商折本、务农遇天灾、恋爱失败、夫妻不和、家庭破裂，等等，各种各样的打击随时都可能降临到头上。所以，不能把生活设想得一帆风顺，失败随时可能会光顾，我们必须有勇气直接面对。

在人生道路上，失败是不可避免的。如果一个人坚信自己能够成功，那么他是不畏惧失败的；如果一个人有害怕失败的心态，那么他

注定会失败。人生必有坎坷，对每一个追求成功的人来说，不怕失败比渴望成功更加重要。纵观历史，那些出类拔萃的伟人，之所以会取得成功，不是因为他们有超常的智能，也不是因为他们不曾失败过，而是因为他们是不怕失败的人，他们是经历失败最多的人。

很多人都羡慕比尔·盖茨、戴尔等人物，甚至将他们视为自己的榜样和偶像。但在现实世界里，盖茨、戴尔这样的幸运儿毕竟是少数或者是极少数。而且，即使是他们，在创造财富的过程中也都遇到过失败和挫折。只是他们并没有对自己失去信心，而是朝着既定的方向不懈地追求着，所以最终走向了成功的顶峰。

因此，在失败面前，我们不但要学会笑对失败，还要对未来充满信心。拿破仑·希尔曾说过："失败是大自然对人类最严格的考验，命运之轮在不断旋转，如果它今天带给我们的是悲哀，那么明天它将为我们带来喜悦。"

总之，接受失败，笑对失败，不懈努力，我们必将享受成功的喜悦。

◎ 敢于战胜失败

对于悲观的人来说，失败就意味结束，就意味着没有任何希望。但是，对于那些乐观的人来说，失败是一个跳板，他们能够笑对失败，把失败看成是新的开始，向着更高的目标奋勇前进。

每个人都有失意、受到挫折的时候。在失意中，你是否懂得反省自己的过失，重新站起来，或者是一路消沉下去？记住：从失败中吸取教训，振作精神，发奋图强，一切还得靠自己，没有人帮得了你。下面是专家总结的几项使自己振作的方法：

1. 读一些励志故事，找出值得效法的楷模

励志故事中有许多值得我们敬仰的人，他们是富兰克林、爱迪生，也可以是林肯……不管是谁，他们一定有值得作楷模之处，他们也一定曾用过功，受过挫折，付出过代价，但最终取得了令人瞩目的成就。和他们比起来，目前自己一时的失败又算得了什么？

2. 发掘自己的"成功记录"

每天找出4件事是自己做成功的。不要把"成功"看成登陆月球那么大的事，成功可以是按时交纳电话费、上班交通一路顺畅、处理的文件档案没有一次出错，等等。日常功课都可以有"成功"、"挫折"之分，一旦至少顺利地做了4件事，又怎能说"一事无成"、"一无是处"呢？能把事情做好，就等于对自己能力的肯定，就应该振作

精神。

如果老想着还有很多事没做，便会愈沮丧，真的会觉得自己低能，无效率，大为失意。但已经做妥的工作开列出来，就是一张长长的单子，能力还真的高呢。这样想，立即便自信大增，不会萎靡。

3. 树立自信心，对自己说"我能行"

每个人都祈求成功，但是最终只有对自己充满自信的人，才能有幸到达成功的彼岸。知识、技能的储备是自信的基础，具备了足够的知识和实际能力，自信就会发自内心，不必强装。否则，越是显得自信，就越是不自信。面对困难，我们应大声地对自己说："我能行！"积极地迈出第一步。

4. 不要低估自己

世界由两种人组成：一种是领导者，一种是被领导者。只要你生活在这个世界，你就必须作出选择。如果你想成就一番大事业，你就必须树立"你就是领导者"的信念。否则，你就只配作一个追随者。

能否成为领导者，就看你有没有成为领导者的想法和信念。

记住，要成功，就要树立起"你就是领导"的坚强信念，只有你树立起了"你就是领导"的坚强信念，追随者才会心甘情愿地追随你。这正如英国著名评论家海斯利特所说："低估自己者，必为别人所低估。"一个敢于站在历史和时代潮流头上的人，他那永远立于不败之地的秘诀无非就是从不低估自己能力的自信。如果你认为此事办不成，那么工作起来时本来能办得到的事，结果也就办不成。相反，本来没有指望的事，如果你认为一定能办成，那么事情就有可能办成。

第三章 坦然面对挫折

5. 培养某方面的兴趣

在自己的优点、专长、兴趣中找一样（开始时，一样就够了）来加以特别培养、发展，使之成为自己的专长。虽然还不是专家，但在小圈子中，一提到某件事，大家都公认非你莫属了。专长不必因难到像弹钢琴、表演杂技那么高深莫测，专长可以简单到做蛋糕、剪头发、游泳、看星星、辩识动物植物……什么都可以。有了专长，就有机会作主角，作主角自然会神采飞扬！

6. 强调自己的优点

花一个钟头去发掘自己的优点，然后逐点用笔记下来。优点可以分类，如：个人专长所在，已做过什么有益有建设性的事，过去什么如何称赞过自己，家人朋友对自己的关爱，受过的教育等等，你一定会发现自己有许多优点，从而知道自己原来并不差。

7. 发挥自己的外在美，与人和睦相处

发挥自己的外在美。所谓人靠衣裳，马靠鞍，衣固然指衣着，也指打扮，可以不必名牌，但一定要不落伍，要清洁、光鲜、明亮、顺眼，要做到这样，必须做到出众、大方。尤其在自己情绪低落时，更要穿得鲜艳明丽些，还得加上化妆及新剪的头发，这样自己的坏心情会因打扮而分散。

使自己招人喜欢，受人欢迎，让别人觉得跟自己做朋友感到十分有趣。要使自己受欢迎，就得多阅读，对一般事物有认识，否则人家讲什么问题都不知所云，同时又要关心别人，要"好好相处"。有朋友，便有支持和鼓励，可以振作精神。

闻名世界的已故女演员奥黛丽·赫本，她曾经的梦想是做一名芭蕾舞演员，但老师认为她不具备这方面的才能，于是她果断地放弃，最终选择当一名演员。日后，经过她的不懈努力，她终于成为一名深受世界各国人们喜爱的电影演员，至今人们仍对她的经典佳作和美丽容貌念念不忘。

　　也许最后取得的成功并非是自己曾经的梦想，但这就是生活，需要我们不断作出选择和放弃。你成功了，必定是因为你选择了正确的、适合自己的。放弃最初的梦想并不是错误，只要我们在放弃的时候，重新向前望去，你就会看见另一扇打开的门，然后全力拼搏，我们也会成为成功的人。记住，对于敢于战胜失败的人来说，成功是迟早的事情。

第三章　坦然面对挫折

◎ 大不了从头再来

在这个世界上，对于一个人来说，最可怕的不是失败，怕的是永远的失败。失败了还可以从零开始，许多成功的企业家都不是从零开始的吗？他们刚起步的时候不也是什么都"没能"吗？他们有的只是一双手和一个聪明灵活的大脑，凭着这些最终做成了自己的事业，实现了自己的梦想。

什么都不值得我们惧怕，失败也好，挫折也罢，大不了从头开始，从头再来。相反，如果我们没有重新站起来的勇气，克服不了重重困难，遇到挫折就退缩、畏惧，那么我们永远都战胜不了失败，因为我们无法战胜自己。

我们只要在失败之后，敢于从零开始，并且勇敢地坚持下去，坚定自己的意志，总会有实现梦想的那一天。

安东尼·罗宾曾说过："一个知道自己目标的人，就不会因为挫折和失败而泄气。"

本杰明·富兰克林写道："让每个人确认他特殊的工作和职业，而且耐心地做着，如果他想要成功的话。"

诗人撒母耳·泰勒·柯尔雷基生活在一个不真实的梦幻世界里，他是个最该听从这个劝告的人，他遗留给后代的诗，大部分都是未完成的，因为他把自己的才华分散得太微细而浪费掉了。在他死后，查

逆境生长，成就人生

理·兰姆写信给朋友时说："柯尔雷基死了，听说他留下了四万多篇有关形而上学和神学的论文——没有一篇是完成的！"

撒母耳·泰勒·柯尔雷基的故事说明，只有听从这个劝告的人，即只有行动并有恒心的人，才能发挥潜能，才能成就伟业，才能完成目标。要有行动、有恒心，这是开发潜能的重要因素，诺贝尔就对此深信不疑。

应该说，世界上如果有一百个人的事业获得巨大成功，那么，至少有一百条走向成功的不同轨迹。然而，谁能想到会有这样的人，死神在他事业的路上如影相随，他却矢志不渝地走向了成功，这个人就是家喻户晓的诺贝尔奖金的奠基人——弗莱德·诺贝尔。

1864年9月3日这天，寂静的斯德哥尔摩市郊，突然爆发出一阵震耳欲聋的巨响，滚滚的浓烟雾时间冲上天空，一股股火花直往上蹿。仅仅几分钟时间，一场惨祸发生了。当惊恐的人们赶到出事现场时，只见原来屹立在这里的一座工厂已荡然无存，无情的大火吞没了一切。火场旁边，站着一位三十多岁的年轻人，突如其来的惨祸和过分的刺激，已使他面无血色，浑身不住地颤抖着……这个大难不死的青年，就是后来闻名于世的弗莱德·诺贝尔。

诺贝尔眼睁睁地看着自己所创建的硝化甘油炸药的实验工厂化为灰烬。

人们从瓦砾中找出了五具尸体，其中一个是他正在大学读书的活泼可爱的小弟弟，另外四人也是和他朝夕相处的亲密助手。五具烧得焦烂的尸体，令人惨不忍睹。诺贝尔的母亲得知小儿子惨死的噩耗，

悲痛欲绝。年老的父亲因大受刺激引起脑溢血，从此半身瘫痪。然而，诺贝尔在失败和巨大的痛苦面前却没有动摇。

惨案发生后，警察当局立即封锁了出事现场，并严禁诺贝尔恢复自己的工厂。人们像躲避瘟神一样避开他，再也没有人愿意出租土地让他进行如此危险的实验。困境并没有使诺贝尔退缩，几天以后，人们发现，在远离市区的马拉仑湖上，出现了一只巨大的平底驳船，驳船上并没有装什么货物，而是摆满了各种设备，一个青年人正全神贯注地进行一项神秘的实验。他就是在大爆炸中死里逃生、被当地居民赶走了的诺贝尔！

在令人心惊胆战的实验中，诺贝尔没有连同他的驳船一起葬身鱼腹，而是碰上了意外的机遇——他发明了雷管。可见，大无畏的勇气没有让他遇见死神，反而赶走了死神，迎来了成功。

雷管的发明是爆炸学上的一项重大突破，随着当时许多欧洲国家工业化进程的加快，开矿山、修铁路、凿隧道、挖运河都需要炸药。于是人们又开始亲近诺贝尔了。他把实验室从船上搬迁到斯德哥尔摩附近的温尔维特，正式建立了第一座硝化甘油工厂。接着，他又在德国的汉堡等地建立了炸药公司。一时间，诺贝尔生产的炸药成了抢手货，世界各地纷纷发来源源不断的订货单，诺贝尔的财富与日俱增。

然而，灾难依旧如影随形。不幸的消息接连不断地传来：在旧金山，运载炸药的火车因震荡发生爆炸，火车被炸得七零八落；德国一家著名工厂因搬运硝化甘油时发生碰撞而爆炸，整个工厂和附近的民房变成了一片废墟；在巴拿马，一艘满载着硝化甘油的轮船，在大西

洋的航行途中，因颠簸引起爆炸，整个轮船全部葬身大海……一连串骇人听闻的消息，如果说前次灾难还是小范围内的话，那么这一次是空前巨大的。人们再次对诺贝尔充满恐惧，甚至简直把他当成瘟神和灾星，可以说，他遭受了世界性的诅咒和驱逐。

就这样，诺贝尔再一次被人们抛弃了。当然，更准确地说，应该是全世界的人都把自己应该承担的那份灾难推给了他。面对接踵而至的灾难和困境，诺贝尔没有一蹶不振，他的毅力和恒心让他对已选定的目标义无反顾，永不退缩。因为多年来他已经习惯了在奋斗的路上与死神朝夕相伴。

炸药的威力曾是那样不可一世，最终，大无畏的勇气和矢志不渝的恒心激发了他心中的潜能，炸药吓退了死神，诺贝尔赢得了巨大的成功。

在诺贝尔的一生中，他共获专利发明权355项。他用自己的巨额财富创立的诺贝尔科学奖，被国际科学界视为一种崇高的荣誉。

诺贝尔的成功告诉我们，恒心是实现目标过程中不可缺少的条件，恒心是发挥潜能的必要条件。恒心与追求结合之后，便形成了百折不挠的巨大力量。我们如果要干事业，就要经得起挫折，不能半途而废。美国著名学者安东尼·卡索，从他亲自策划和主持过的上百次民意测验中，得出的"创业十要"之一就是：做一件事坚持到底最重要，相反，半途而废，就会在商场竞争中一事无成。

安东尼·罗宾认为，韧性是取得成功的巨大依靠。商场竞争常常是持久力的竞争，每一个事业有成的人，无不是一个有恒心和毅力的

人。这样的人，笑得好，也能笑到最后，是当之无愧的的胜利者。总之，恒心和毅力是成功者必备的心理素质。我们决不能半途而废，浅尝辄止，否则梦想永远只是梦想，成功就会成为泡影。

逆境生长，成就人生

◎ 给失败一点毅力

所谓的毅力，并不是永远坚持做同一件事，而是说，对你目前正从事的工作，要一心一意，投下全部心力。你可以先从事艰苦的工作，然后再要求报酬。当然，你不但要对工作感到满意，而且还要渴求获得更多的知识与进步。在工作中，你要每天早起一点儿，多拜访几个人，多走几里路，多除一些杂草，对工作进行随时随地的研究。

威尔玛在6岁时的第一个想法就是——"我要离开这个小镇，在世界上出人头地"。如她所愿，她在很小的时候就有了出外旅行的经验。应该说，威尔玛是不幸的。她是早产儿，曾经患过两次肺炎和一次猩红热。另外，由于患了小儿麻痹症，使她的左腿严重变形，腿部变弯。她必须套上腿部矫正器才能行走，因此显得很累赘，也使得她在赶往餐桌的赛跑中，落在她的兄弟姐妹后面。曾经有6年的时间，她时常要搭乘巴士前往离她的家乡45里处的纳斯维尔医院——这是她的第二个家。

在搭途中，她总是幻想自己住在山上那些宽大、白色的别墅中。到了医院后，她就会向医生提出问题，有时候会问上三四遍："我什么时候可以取下矫正器，像常人一样走路？"医生不愿给她虚假的希望，总是认真谨慎地回答说："看情形再说吧！"

搭车回家的途中，她幻想自己是个幸福的女人，儿女成群，生活

愉快幸福。她会把梦想告诉母亲：她要对这个社会做出重大的贡献，并且要周游世界。她那位温和体贴的母亲，很耐心地听完她的话，然后说道："亲爱的，生命中最重要的事就是你有信心，而且愿意努力奋斗。"威尔玛知道这是母亲安慰她的话，但是她听了多少遍也不感觉厌烦。

威尔玛11岁的时候开始相信，总有一天能够拿掉腿上的矫正器。可医生对此并没有充分的信心，还是建议威尔玛对腿部进行必要的练习。但是威尔玛认为，多做训练要比稍加练习好得多。威尔玛一家有着强烈的基督教信念，因此，诚实不欺一直是威尔玛奉行的美德。不过，她承认说，在这样的事情上，她稍微夸张了一点儿事实。

在她去往医院的旅途中，她的父母有时候会带一个小孩。因此，医生就能教导家中的每一个孩子如何帮助威尔玛做腿部运动。但是，威尔玛对于如何按摩自己的腿和医生的看法不同，当她的父母有事外出时，她的某位兄弟姐妹就会站在门口充当"守望员"。然后，把腿上的矫正器拿掉，每天绕着屋子走上好几个小时。如果有人进来，担任守望的那个人就会协助她躺回床上，替她按摩腿部，以免别人怀疑她为什么拿掉矫正器。这种情况持续了大约一年之久，虽然，她的信心已经大大增加，但她内心的罪恶感也同样增加，令她痛苦万分。

一次，威尔玛告诉医生说："我要告诉你一个秘密。"她拿下矫正器，向医生所坐的办公桌走过去。她可以感觉到母亲正在背后，瞪大了眼睛看着她。她也知道，使她获得这项奇迹的行为完全违背了父亲教训。

"你这样做已经多久了？"医生惊讶地问道。

"过去一年来，我一直这样做。我……有时候……把矫正器拿掉，在屋里走几圈。"她说这些话的时候，眼睛不敢直视母亲。

"好吧，既然你很诚实地和我分享了这个秘密，那么有时候，我会准许你把它们拿掉，在屋里走走。"医生说道。

对于威尔玛来说，"有时候"就是她所需要的惟一答复。她再也不想把它们套回自己的腿上去了。突破禁区是进步的前提，一个人只有首先去掉自己精神上的"矫正器"，才能形成人生的突破。

当威尔玛12岁之后，她发现女孩子也能像男孩子那样又跑又跳。她过去一直待在家里，朋友必须来拜访她。她的姐姐伊芙妮比她大两岁，正要参加女子篮球队。威尔玛决定也要参加，她想能和姐姐伊芙妮在同一个队中打球一定十分有趣。但是，她却很伤心的是，在全部30名应征的女孩当中，她连候选队员都不是。她下定决心一定要让她们知道她是可以的。

她多么希望能够让那些从未和她玩过的孩子们知道，她是相当不错的。她回到家里，发现教练的车子就停在门口。她想："她甚至不让我把我落选的消息告诉我父母。"她跑到后门，悄悄走进屋里，紧靠着房门，听到了客厅内的谈话声。

教练说她姐姐练完球后，她们必须出去比赛几场，但是父母担心的是，谁来担任她的监护人呢？她的父母一向不喜欢多说话，但是她的父亲却说："要我允许伊芙妮参加你的球队，只有一个条件。"

"尽管提出来吧！"教练向她父亲表示。

"我的女儿出外旅行时，一向都是两个人结伴同行。如果你希望伊芙妮参加你的球队，你必须让威尔玛当她的球伴和监护人。"这并不是威尔玛脑中所想的，但对于她来说至少是一个起点，而且是好的开始。

当威尔玛看到篮球队的队服时，她立刻欣喜若狂。那全是新的，黑色镶金边的绸质队服。当你参加少棒球、女童军队或女篮队时，你所拿到的第一件队服，具有特殊的意义，因为它能创造出一种特别的认同感。你穿上队服后，建立一种归属感。但是，当分发到威尔玛时，新队服已经没有了，于是她们拿了一件去年的队服给她，但是她仍然很开心。

"我们陪你一起上那10分钟的指导课，然后协助你练习教练要你做的动作。"她们自告奋勇地说。

第二天起，她们真的这样做。威尔玛最好的一位女朋友也加入练习，使她们能够一起练习。每天都这样，先听课，然后练习，听课，练习——学习篮球技巧。

第二年，威尔玛和她的女朋友都被选入篮球队。但她们都很担心，因为平常只在球场上练习，不知道是否能够应付真正的比赛。这两个分不开的好朋友在讨论了共同的梦想和恐惧之后，终于获得这样的结论：她们惟一能做的就是尽力而为。

她们认为，如果尽力还不能令人满意，或是无法应付真正的比赛，那么，她们也会很感激有这样的机会，即使退出篮球队，也不会觉得遗憾，因为她们已获得了宝贵的生活经验。

新赛季开始的每一天早晨，她们都很兴奋地看着报纸上有关她们在前一天晚上的表现的报道。后来，报纸上几乎天天报道威尔玛的朋友表现最好，威尔玛则是第二。从不幸到幸运，从不行到能行，这是一个过程。

在那一年中，威尔玛每天奔波于球场之间，和她的女朋友一起参加友谊赛，希望夺得第一名。在这段时间内，却有另外一个人正在密切注意她。她并不认识她高中比赛每一场的裁判，这位裁判正是大名鼎鼎的艾迪·泰普，他是田纳西州立大学著名的田径队的教练。泰普向篮球队征求自愿人员，看看哪个人有兴趣参加他的女子田径队。威尔玛的想法非常简单："篮球季节已经过去了，今后再也没有比赛或练习了……也就是说，更多的是在家里闲着的时间。我何不自愿参加田径队呢？"

威尔玛第一次参加赛跑，就发现她能战胜她的朋友，然后她战胜了她学校所有的女生。接着，又战胜了田纳西州所有高中女生。她和那位朋友，决定以另一种方式解决两人长期以来的竞争。她是田径场上的冠军，她的朋友则是篮球场上的第一。

威尔玛在14岁时，以高中生的身份加入田径队，并在放学后及周末前往田纳西州立大学接受严格的训练。在大学校园里，她遇见一位可爱的年轻姑娘，名叫玛伊·格丝，她在过去曾经入选过两次美国和奥林匹克队。玛伊成了分享威尔玛梦想的惟一密友。同时也分担了威尔玛早年的挫折她带上矫正器的痛苦以及她当时的孤独无助。

伴随着鼓励、培养，威尔玛也不断地获得胜利。到第一年夏天结

束时，她已经在费城举行的美国业余运动员全国大赛中，赢得100米赛跑冠军、400米接力赛冠军。

大约又过了两年，某一天，玛伊·格丝找到威尔玛并对她说："你愿意为美国去奥运会上争得荣誉吗？"

她的回答体现着年轻人的激情浪漫，而且也反映出她小时候搭乘巴士往返于纳斯维尔途中的幻想："我们是不是要出门旅行？"

参加奥运会的条件很严格。首先，她们必须在华盛顿的美国大学奥运选拔赛中取得资格。在200米资格赛中，威尔玛一开始就领先大家。她发现自己跑在大家前面，而且领先玛伊，于是她回过头来看看好朋友在哪儿。这时玛伊从她身边飞奔而过，得了第一，她列为第二。比赛结束后，玛伊对她说："我对你感到失望，光是取得资格是不够的；你必须永远想着金牌。"

在1956年澳大利亚墨尔本举行的奥运会中，威尔玛在200米半决赛中被淘汰，但由于美国队在女子400米接力赛中获得第三名，因此威尔玛也以队员的身份得到了一块铜牌。比赛结束后，她一方面觉得高兴，一方面却又觉得伤心。她觉得自己这种差劲的表现绝对不能再发生；下一次一定要表现得更好。当时她只有16岁，还在读高中，但她下定决心要在1960年赢得一次胜利。

虽然只是获得了一枚铜牌，但是回到家里她也是一个名人，她本来大可耀武扬威一番，她忍住了这种诱惑。本来可以对邻居的小孩子不屑一顾，因为她小时候脚上套着矫正器时，这些孩子曾经欺负过她。但她不但未对他们报复，反而让他们欣赏她的铜牌，并与他们分

享赢得这块奖牌时的兴奋心情。从那时开始，曾经欺负过她的人都成了她的朋友，因为他们现在都在分享威尔玛的荣誉，特别是像威尔玛这种世界性的荣誉，更是千载难逢。

我们总是能够看到人们表面上的荣誉，却很容易忽视了他们背后所要付出的艰辛与努力。谈到奉献与坚忍不拔时，我们更能看到一个"世界级"人物过程中所可能遭遇到的痛苦。最重要的是，我们必须记住，当时并没有提供给女子的体育奖学金，威尔玛进入田纳西州立大学就读完全是自费。

威尔玛每天都要接受田径训练。更困难的是，学校还规定每个女学生至少要每学期修到18个学分，每科成绩至少要"B"，才能继续参加"田径队"。为了使自己永远保持"胜利者"的领先优势，她又恢复了额外的练习计划，很像她小时候拿掉矫正器走路的情形。当她发觉自己的工作及课业负担太重，而在田径场上落后于其他女队员时，就开始在晚上从宿舍的消防楼梯溜下去，到田径场上跑步，从晚上8点跑到10点。然后，她再从消防梯爬回宿舍，上床，赶上"熄灯"及"点名"。每天早晨太阳出来之后，又恢复了一天艰苦的训练活动。每天早晨，她要在6点和10点各跑一次，下午在3点时再跑一次。

周复一周，年复一年，她一直坚持着这种同样单调、严格的训练活动。这种情形共持续了1200天。

在1960年夏天的罗马，威尔玛已经准备好了。将近八万名观众开始疯狂地欢呼，他们已经意识到，她将是那种紧紧抓住观众之心的奥运选手，她将会留名青史（就如同她前面的杰西·欧文斯和巴比·迪

理克森）。在这场比赛中，她轻易夺得四枚金牌：100米、200米、400米以及400米接力的冠军。在田径场上，她是历史上第一个获得三枚金牌的女子。而且在这三项比赛中的每一项，都创下了世界纪录。可见，积累是成功的秘诀。水到渠成，有毅力坚持到底的人总有取得胜利的一天。

威尔玛的努力得到了回报，自从在罗马运动场的出色表现之后，各大报纸竞相登载她的消息，肯尼迪总统亲自在白宫接见她，她获得了"年度最佳女运动员"的嘉奖，另外还得到了很重要的"苏利文奖"（威尔玛是历史上得到这个奖的第三位女性）。接着，一家出版社出了一本叙述她生平故事的书，电视台根据它改编成一部电视片，片名就是《威尔玛》，由西斯里·泰森和秀莉·芬妮主演。

面对这些耀眼的光环和荣誉，威尔玛很坦然地说："当你跑步时，你的整个身心都要投入其中；你要想着去赢得某项挑战。你一定会成功。我猜想，这就是所谓成功的秘密——愿意继续努力工作，希望每天改善你的表现。"

威尔玛·鲁道夫终于战胜了"不可能"战胜的困境，成为了一名胜利者。她的故事告诉我们：真正的成功是长期努力的结果。

◎ 坦然面对失败

人的一生，成与败的最大关键之处就在于意志力的强弱。具有坚强意志力的人，就会拥有巨大的力量，无论他们遇到什么艰难险阻，都能克服困难；但意志薄弱的人，一遇到挫折，便想着退缩，最终必将归于失败。

在现实生活中，许多人都希望自己能上进，但无奈他们意志薄弱，没有坚强的决心，没有破釜沉舟的信念，一遇挫折，立即后退，无法坚持到最后，所以终遭失败。

英国劳埃德保险公司曾从拍卖市场买下一艘船，这艘船1894年下水，在大西洋上曾138次遭遇冰山，116次触礁，13次起火，207次被风暴扭断桅杆，然而它从没有沉没过。劳埃德保险公司基于它不可思议的经历及在保费方面给带来的可观效益，最后决定把它从荷兰买回来捐给国家。现在这艘船就停泊在英国萨伦港的国家船舶博物馆里。

人的一生就像是在大海上航行的过程，在航行的过程中，难免会遇到恶劣的天气，狂风暴雨，甚至海啸，人们多少都会遇到一些伤痛，但是我们要想前行，到达成功的彼岸，我们就想办法不让自己沉没。一位攀登珠峰失败的运动员，在临走前对着珠峰说："珠穆朗玛峰，你虽然打败了我，但我会再回来的。我要战胜你，你不会变得更强大，但我会！"

这个世界上没有不受伤的船，船就要在大海中航行，你能怪大海吗？人也要生活，你能责怪生活吗？无论我们在人生中遇到了怎样的挫折，关键是不能因此而沉沦。虽然屡遭挫折，却能够坚强地百折不挠地挺住，这就是成功的秘密。

　　有一位英国作家叫约翰·克里西，年轻时执着于写作，但得到的却是接二连三的沉重打击：743封退稿信。在如此打击后，他说："不错，我正在接受人们所不敢相信的大量失败的考验。如果我就此罢休，所有退稿信都变得毫无意义。但我一旦获得了成功，每一封退稿信的价值全部都将重新计算。"

　　海明威说："世界击倒每一个人之后，许多人在心碎之处坚强起来。"从这个意义上说，失败是人生中的一种宝贵财富。因为没有巨石挡住航海的道路，怎么会激起灿烂的浪花？或许我们遭遇身体或情绪的创痛，最要紧的便是在创痛中寻找某些意义。但前提是决不能放弃，否则失败就成了真正意义上的失败。

　　雅典奥运会占旭刚失败了，有人问他："你是两届奥运会的金牌获得者，当然你这次也付出了更多，对这次的失败你感到后悔吗？"

　　他回答说："我已经尽力了，我不后悔。"

　　不怕摔跟头，就怕摔下去不能重新地站起来。我们许多人都能够理解这句话，但又有多少人能够这样去做到这样呢？

　　能够坚信自己成功的人不但不会畏惧失败，而且能够从失败中学习经验教训，以便为以后的成功打好基础。

　　雷·迈耶是一位篮球教练，他在迪保罗大学任教，曾率队赢得过

37次冠军。一次，他的球队从冠军宝座上跌了下来。有一位记者问他心里的感想，他从容地说到道："太好了，从今以后，我们又可以集中精力研究如何赢得第一，而不是如何保住第一了。"

人普遍都有畏惧失败的心理，并且这种心理将会终身陪伴一个人。

演讲家安东尼·罗宾曾说："这世界没有失败，只有暂时停滞不前，因为过去并不等于未来。"在某一个事情上的失败，并不等于一个人的失败，只要有信心，失败就是成功的转机。

人生本来就是一场赌博，谁也没有把握说自己一定能成功，失败虽然暂时会令人沮丧，但它会使人吸取经验教训，不会再犯同样的错误，这无疑会成为成功的垫脚石。有信心的人能够直视失败。如果一个人从未遭受过失败，那么他一定什么事都没做过，这样固然不会有失败，他没有成功的体验。

在人生道路上，每个人都可能遇到失败，无论失败的打击多大，都不能心灰意冷，而应当正视自己的失败，消除这种绝望感。在失败的时候，消极悲观不但于事无补，同时还可能使人逐渐陷入泥沼而无法自拔。要想走出失败的困扰，转忧为喜，就要勇敢地正视失败。我们应该笑着面对生活，并且要从生活中吸取力量去战胜失败。

在失败中沉沦，还是在失败中奋起，这是每个人都必修的人生课题之一。你想好了吗？

第四章
做自己的主人

　　不同的意识与心态会有不同的心理暗示，而心理暗示的不同也是形成不同的意识与心态的根源。所以说，心态决定命运。肯定自己，是一种属于互相交往、自我肯定、毫不畏惧地迈向人生的心态。喜爱自己，你是自然界最伟大的奇迹。飞禽走兽、花草树木、风雨山石、河流湖泊，都没有像你一样的起源，孕育在爱中，肩负使命而生。

◎ 敢于肯定自我

在我们的身上，会长久地根植一种极度脆弱的性格，而且它会不断地在我们的想法和行为上表现出来。一旦你的脑海里有了失败的意识，你的外在表现就会跟你的想法保持一致，而且越来越严重，你自己也随之变得越来越脆弱，甚至到最后会不堪一击。

古语有云："自助者，天恒助之。"所以，无论在任何情况下，你都要相信：无论何时，无论何地，你都是你自己最大的救星。你还要相信：成功和奇迹是在自我肯定之后发生的。

为此，我想起了台湾真善美生命潜能研究中心创办人许宜铭所说的一段话，他说："我今天在这个演讲的时候，每个人都看到不同的我，有人看到我蛮有艺术气息的，有人看到我头发这么长、不男不女的。而且我不会受你们看我的眼光影响，因为我知道那是你在看我，是你在创造我，不是我，跟我一点关系都没有。你们怎么看我，怎么会转到我身上来呢？你们敬重我、喜欢我，我会很开心。但是我知道那不是我，我不会因为你们的欣赏和赞美就会变得更好，因为我很清楚地知道我就是这个样子。"

他还说："你们贬损我、攻击我，我会难过，但是我也不会受影响，因为我知道那个也不是我，是你们创造出来的我，跟我一点关系都没有，有时我还未必觉得难过。"

从某种意义上来讲，我们并不是为自己而活，我们有我们的责任和义务，我们不能自私地只考虑自己的感受。但是换个角度来看，我们又不能只为别人而活，别人眼中的我们是什么样，其实根本不重要，重要的是我们如何看自己，我们是否敢于肯定自己。如果我们想要更好地履行自己的责任和义务，我们就必须保持住自己的本色，成为自己想成为的人，让别人也觉得我们是成功的，我们对自己够好。

伏龙芝说："坚信自己和自己的力量，这是件大好事，尤其是建立在牢固的知识和经验基础上的自信，但如果没有这一点，它就有变为高傲自大和无根据地过分自恃的危险。"

这种情况会持续且愈变愈糟，除非你脆弱的性格能消除。以销售员为例，当他处于长期的业务低潮后，若是能创下一笔惊人的销售业绩，则在他心中长久以来的低落情绪，将可戏剧性地一扫而空。

有个小男孩头戴球帽，手拿球棒与球，全副武装地走到自家后院。"我是世界上最伟大的打击手。"他满怀自信地说完后，便将球往空中一扔，然后用力挥棒，但却没打中。他毫不气馁，继续将球拾起，又往空中一扔，然后大喊一声："我是最厉害的打击手。"他再次挥棒，可惜仍是落空。他愣了半晌，然后仔仔细细地将球棒与棒球检查了一番。之后他又试了三次，这次他仍告诉自己："我是最杰出的打击手。"然而，他这一次的尝试还是挥棒落空。

"哇！"他突然跳了起来，"我真是一流的投手。"

一个小孩聚精会神地在画画，老师看了，在旁问道："这幅画真有意思，告诉我，你在画什么？"

"我在画上帝。"

"但没人知道上帝长什么样子。"

"等我画完，他们就知道了。"

把你的理想或决定向别人宣示，无异于订下不能反悔的契约，这不失为自我肯定的好办法。这种做法能把自己推向目标，努力迈进，产生一种鞭策的效果。

自我肯定能诱发光明积极、活泼开朗的性格，遂能渐渐奠定信心的基石，有了自信为基础，就等于向成为英雄豪杰的目标迈进了一大步，因此而成功立业的典型真是细数不尽。

米契科夫是俄国伟大的医学家。他总是充满自信，从小就养成积极自我肯定的性格，尤其是青年时代，常常对自己或别人宣誓："我的才能出众，对事物热衷的程度无人能比，并能专心一致，我成为著名学者，是指日可待的事。"

其实，人无论是伟大还是平凡，都可以在自我肯定方面做得很好，取得成功。当然，自我肯定的方式方法也有很多，那些伟大的成功人士，可以用自己的成就、对这个社会的贡献等来证明自己，那么平凡人呢？

比如，在日常生活中，就有很多自我肯定的途径，以"戒烟"为例，自己先痛下决心，再四处向亲友宣布此项决定，结果就有人因此而戒除烟瘾，这种自我肯定的方法，与米契克夫的自我肯定具有异曲同工之妙，尽管其内容、范围有大小之别。

如果自我肯定过于勉强，往往会带来相反的效果，但反复地自我

肯定，仍是有助于消除反效果，所以勉励自己、勇于作为，仍不失为好现象。

贝多芬，被人们称为天才，他为世人留下了九大交响曲以及很多不朽名曲。但是，我们要知道这些伟大的经典作品都是在他得了堪称音乐家致命伤的耳聋之后完成的。他却能突破这个障碍，向音乐奉献了一生才华。这种精神，令无数人动容。

贝多芬说："勇气就是不管身体怎样衰弱，也想用精神来克服一切的力量。"

因为贝多芬敢于自我肯定，他相信自己即使在耳聋的情况下也能弹奏出世间最震撼人心的乐曲，他做到了。由此我们可以看出，肯定自己是一种属于互相交往、自我肯定、毫不畏惧地迈向人生的心态。在你的人生中应当是如此，在每一天的生活中，也应当是如此。

你不能逃避人生，不能弃绝人生，你要肯定人生。你不能逃避你的自我心像，不能弃绝你的自我心像；你要肯定你的自我心像，要知道：没有自我心像，就没有生命。

你必须深信今天和明天。你必须把每一天都用在有价值的目标上，同时避免消极的情绪，并积极地发动你的内在的成功机会。这是每天创造生活的一个重要因素。你必须天天有渴望，从而激发出你的潜能，这不仅是为了自己，也是为了别人——你的朋友、你的邻里、你的亲人。与此同时，你也不可以让你的胜利蒙蔽你身为人类大家庭之一分子的角色。你必须肯定你的人类兄弟。你必须设身处地为别人着想。这样，你就能为自己奠定起自信的基石，创造更加美好的生活。

逆境生长，成就人生

◎ 完美地控制自己

完美的自制意味着彻底地控制自己。

亚伯拉罕·林肯刚成年的时候，是一个性急易怒的人。但后来，他学会了自制，成为了一个富有同情心、具有说服力的人。他曾经对陆军上校福尼说："我从黑鹰战役开始养成了控制脾气的好习惯，并且一直保持下来，这给了我很大的益处。"

罗伯特·埃斯沃是一个词典编纂者。有一天，他的妻子突然因为某事而大怒，盛怒之下把他大部的词典手稿扔进了火里，但他只是平静地转身走到桌子前，重新开始工作。

乔治·华盛顿可以称得上世界上最优秀的人了。他头脑清楚、为人热心、处事冷静。他从来不会突然爆发出激烈的感情或者陷入深深的感伤。

但是，大多数公众人物的主要缺陷就是感情的爆发或者情绪波动。他们行事匆忙而草率。在压力大的时候他们往往无所适从。他们急不可待地跳上路过的第一匹马，一点都没有注意到正有一只蜜蜂叮在它身上，这匹马四处乱踢、心烦气躁。当然，这个人迟早会从马背上摔下来，只是一个时间早晚的问题。当他看到大家蜂拥而至，对他赞不绝口时，自己也马上开始变得心浮气躁、盛气凌人，而不是心平气和、实事求是。他们不懂得，现在大家把他捧到天上，一旦他们认

为自己受骗上当，就会毫不犹豫地把他狠狠地摔在地上，从此他就可能一蹶不振。但是，华盛顿却从来没能出现过这样的情况。

由以上几位优秀人物的经历来看，自控能力是多么重要。所以，人要想有所成就，就应该有完美的自控能力。

你要衡量一个人的力量，必须是以他能克制自己情感的力量为标准的，不是看他发怒时所爆发出来的威力。

你有没有见过这样的人，当他遭受到公然的凌辱，只是脸色变得稍微有些苍白，就立刻平静作答的？

你有没有见过一个人陷入极度的痛苦，却仍然站得像石雕，一动不动地控制自己的？

你有没有见过，一个人每天忍受着敌方严酷的审讯，而一直保持沉默，没有向他们透露一丝关于内部的信息？

这才是真正的力量。因为那些遭遇到挑衅但仍然能控制自己并宽恕别人的人，才是真正的强者，才是精神上的英雄。他们是我们的榜样，更是鼓舞我们前进的动力。

有人曾说："如果一个人能够对任何可能出现的危险情况进行镇定自若的思考，那么，他就可以非常熟练地从痛苦中摆脱出来，化险为夷。而当一个人处在巨大的压力之下时，他通常无法获得这种镇定自若的思考力量。要获得这种力量，需要在生命的每时每刻，对自己的个性特征进行持续的研究，并对自我控制进行持续的练习。而在某些紧急的时刻，有没有人能够完全控制自己，这在某种程度上决定了一场灾难以后的发展方向。有时，也是在一场灾难中，这个可以完全

控制自己的人，常常被要求去控制那些不能自我控制的人，因为那些人由于精神系统的瘫痪而暂时失去了作出正确决策的能力。"

　　在人的众多高贵品格中，自我控制能力是主要特征之一。只要你拥有了这种能力，你就会发现，你总是自己的主人，你随时随地都能控制自己的思想和行动，这会给你的品格的全面塑造带来一种尊严和力量。

◎ 培养超强的自控能力

高尔基说："哪怕是对自己的一点小的克制，也会使人变得强而有力。"一个人要成就大事业，就不能随心所欲、感情用事，而应对自己的言行有所克制，这样才能使微小的错误、缺点得到抑制，不致铸成大错。

德国诗人歌德说："谁若游戏人生，他就一事无成，不能主宰自己，永远是一个奴隶。"要主宰自己，就必须对自己有所约束，有所克制。

自制能力，就是我们在日常生活和工作中，善于控制自己情绪和约束自己言行的一种能力。一般来说，意志坚强的人都能够自觉控制和调节自己的言行。人如果缺乏自控能力，就好比一辆汽车光有发动机而没有方向盘和刹车，那么在发动汽车之后，汽车就会失去控制，不能避开路上的各种障碍，就有撞车的危险。

我们在工作和生活的过程中，必然要接触各种各样的人，处理各种各样复杂的事，其中有顺心的，也有不顺心的，有成功的，也有失败的。如果缺乏自制能力，放任不羁，势必搞坏关系，影响团结，挫伤积极性，甚至因小失大，铸成大错。这样一来，我们将很难实现自己的目标。

因此，要想取得成功，就必须培养自己的自控能力。那么，如何

才能培养过人的自制力呢？大家可以遵循以下三个原则：

第一个原则：培养坚强的意志。

前苏联教育家马卡连柯说过："坚强的意志——这不但是想什么就能获得什么的本事，也是迫使自己在必要的时候放弃什么的本事……没有制动器就不可能有汽车，而没有克制也就不可能有任何意志。"因此，反过来也可以说，没有坚强的意志就没有自制能力。坚强的意志是自制能力的支柱。意志薄弱的人，就好像失灵的闸门，对自己的言行不可能起到调节和控制作用。

第二个原则：用毅力控制爱好。

一个人下棋入了迷或打牌、看电视入了迷，都可能影响工作和学习。毅力，可以帮助你控制自己，果断地决定取舍。毅力，是自制能力果断性和坚持性的表现。列宁是一个自制能力极强的人，他在自学大学课程时，为自己安排了严格的时间表：每天早饭后自学各门功课；午饭后学习马克思主义理论；晚饭后适当休息一下再读书。他过去最喜欢滑冰，但考虑到滑冰比较耗体力，容易使人想睡觉，影响学习，就果断地不滑了。他本来喜欢下棋，一下起来就入了迷，难分难舍，后来感到太费时间了，又毅然戒了棋。滑冰、下棋看来都是小事，是个人的一些爱好，但要控制这种爱好，没有毅然决然的果断性就办不到。

常常遇到这样一些人，嘴上说要戒烟，但戒了没几天，就又开始抽了，什么原因呢？主要就是缺乏毅力。没有毅力，就没有果断性和坚持性，自制和效率就不高。可见，要具有强有力的自制能力，必须

伴以顽强的毅力。

第三个原则：尽量保持理智。

人对事物的认识越正确，越深刻，自制能力就越强。比如，有的人遇到不称心的事，就发脾气，训斥谩骂，而有的人却能冷静对待，循循善诱，以理服人。

古希腊数学家毕达哥拉斯说："愤怒以愚蠢开始，以后悔告终。"因此，对自己的感情和言行失去控制的人，最根本的就是他没有认识到这种粗暴作风的危害性，因而造成了不良影响。

法国著名作家小仲马有过这样一段经历：

在他年轻的时候，曾经爱上了巴黎名妓玛丽·杜普莱西。玛丽原是个农家女，为生活所迫，不幸沦为娼妓。小仲马为她娇媚的容颜所倾倒，想把她从堕落的生活中拯救出来，可她每年的开销要15万法朗，光为了给她买礼品及各种零星花费，他就借了5万法郎。他发现自己已面临可能毁灭的深渊，理智终于战胜了感情，他当机立断，给玛丽写了绝交信，结束了和她的交往。后来，小仲马根据玛丽的身世写了一部小说——《茶花女》，轰动了巴黎，小仲马也因此一举成名。

因为理智才使小仲马产生了自制能力，最终悬崖勒马，战胜了感情的羁绊，成就了其一生。

◎ 做坚强的自己

你是一个坚强的人吗？你觉得自己可以变得多么坚强呢？很多人也许会说不知道，下面这个小实验也许会给出我们所要的答案。

在美国的麻省理工学院，曾经进行过一个非常有趣的实验：实验者用铁圈将一个小南瓜整个箍住，以观察当南瓜逐渐长大时，对这个铁圈产生压力有多大。最初，他们预测南瓜最大能够承受大约500磅（226千克）的压力。但是，当研究结束时，所有参与实验的人都大吃一惊，整个南瓜承受了超过5000磅（2260千克）的压力后才使瓜皮破裂。

实验人员打开南瓜，发现它中间充满了坚韧牢固的层层纤维。为了要吸收充分的养分，以便于突破限制它成长的铁圈，它的根部延展范围令人吃惊，所有的根往不同的方向全方位地伸展，以至于让这株南瓜独自控制了整个花园的土壤与资源。

假如南瓜能够承受如此庞大的外力，那么人类在相同的环境下又能够承受多大压力？也许我们不会再对自己的坚强程度毫无概念了。其实，人的坚强程度和承受能力和南瓜没有什么不同。一个人，只要敢于在充满荆棘的道路上奋进，大多数的人都能够承受超过我们所预想的压力。

桑德斯上校是"肯德基炸基"连锁店的创办人。当时他身无分文

且孑然一身，当他拿到生平第一张救济金支票时，金额只有105美元，内心实在是极度沮丧。但是他没有埋怨当时的社会，也未写信去骂国会，而是心平气和地自问："到底我对人们能做出何种贡献呢？我有什么可以回馈的呢？"

然后，他便思量起自己的所有，试图找出可为之处。

一个想法浮上他的心头——"很好，我还拥有一份人人都喜欢的炸鸡秘方，不知道会不会有餐馆需要。"随即他又想到："卖掉这份秘方所赚的钱还不够我付房租呢！如果餐馆生意因此提升的话，那又该如何呢？如果上门的顾客增加，且指名要点炸鸡，或许餐馆会让我从中抽取提成也说不定。"这样想着，他便去挨家挨户地敲门，把想法告诉每家餐馆："我有一份上好的炸鸡秘方，如果你能采用，相信生意一定能够提升，而我希望能从增加的营业额里抽取提成。"

对于他的这种想法，大家并不看好，而且还有很多人都当面嘲笑他："得了吧，若是有这么好的秘方，你干吗还穿得这么狼狈？"然而，这些话丝毫没有让桑德斯上校打退堂鼓，因为他还拥有天字一号的成功秘诀，那就是"不懈地拿出行动"，我们暂且称其为"能力法则"——在你每做一件事时，必得从其中好好学习，找出下次能做好的更好方法。

桑德斯上校确实奉行了这条法则，从不为前一家餐馆的拒绝而懊恼，到用心修正说辞，以便采取有效的方法去说服下一家餐馆。最终，桑德斯上校的点子被人接受了。但是让我们感到吃惊的是，他整整被拒绝1009次之后，直到1010次他才听到第一声"同意"。

逆境生长，成就人生

在过去两年时间里，他驾着自己那辆又旧又破的老爷车，行遍了美国的每一个角落。困了就和衣睡在后座，醒来逢人便诉说他那些点子。

整整两年的时间，历经一千多次的拒绝，还有多少人能够锲而不舍地继续下去呢？想必在这个世上只有一位桑德斯上校。这也正是他能取得成功的原因所在。

我们不妨回首历史上那些成大功、立大业的人物，就会发现他们都有一个共同的特点——不轻易为"拒绝"所打败而退却，不达成他们的理想、目标、心愿，就决不罢休。

华特·迪斯尼为了实现建立"地球上最欢乐之地"的美梦，四处向银行融资，曾被拒绝了302次之多，可是他依然没有放弃，最后终于成功了。所以才有了如今每年上100万游客享受到"迪斯尼欢乐"，这全都出于一个人的决心和毅力。

也许很多人都会说，多方努力尝试，凭毅力去追求所企望的目标，最终必然会得到自己所要的。千万别在中途便放弃希望。俗话说，说起来容易，做起来难。但是，要想成功，你就必须去做，去努力，因此，从今天起就拿出必要的行动吧，哪怕那只是小小的一步。相信自己，凭着你的决心和毅力，终究会有一天会积少成多，由小成绩到大成就的。到那时，你会发现：原来自己是如此的坚强，如此有毅力。

生活中，我们要像在火中涅槃的凤凰，应该不断提升自己，不断更新自己。也许曾经的你十分优秀，也许你也曾经获得过巨大的荣誉，但是这一切已经成为过去。当一切都成为平常的话，我们曾经取

得的辉煌也就无法让我们骄傲了。

　　所以，我们必须与时俱进，不论是你的勇气、知识，还是其他的东西，你都要更新，这样许多你无法控制的东西，如运气和机遇也会更新。随着各种知识的更新和能力的提升，你的人格品质也会得到质的飞跃，将会成为一个全新的自己。到时候，你就要尽情展示你的才华和能力，向这个世界证明你的优秀，享受属于你的成功和幸福。

逆境生长，成就人生

◎ 找回失落感

失落感常常是困扰许多人的主要烦恼之一。

美国一位律师芭芭拉这样叙述了自己的感受："近来，我被一种莫名其妙的情绪笼罩着，我徒劳地想摆脱出来，可悲的是我连这种情绪是怎么回事都未弄清楚……世上万物仿佛一只大网直扣下来，渺小的自我只有在大网之下做着莫名其妙的挣扎和寻找。大学毕业后，我就在现在的单位就职，周围的人因这职位和环境而羡慕我的机遇，我的幸运，我的一帆风顺。但是生活并非如人们想像的那么轻松愉快。在春风得意的背后，深深的精神危机围绕着我，无论繁忙还是悠闲，内心深处总被一种难以遏制的渴望灼痛着，使我无法安宁。"

面对芭芭拉的这种情况，人们会问：你究竟有何不适？你还想得到什么？

她无言以对，然而那种感觉却日复一日年复一年地滋长着……这就是失落的现实表现！失落，就是被社会遗忘的空虚和茫然，是一种身属其位，却又不知自己生活在哪一个坐标，心中只有无限的怅惘。

一般来说，一个人产生失落的原因主要以下两点：

1. 不适应角色的转变

一个人在失去原来已习惯担任的角色时，很容易产生失落感。比如，一个青年学生在学校生活久了，大学毕业之后必须参加工作。但

离开久已默契和合拍的"象牙塔式"的生活之后，便很难在尘世的喧哗中找到自己的角色位置，虽然勉强地找到了工作，但未必是适合自己心意。

2. 理想与现实相差太远

现在，有一些年轻人，总以为自己眼前的工作不适合自己，他对文秘感兴趣，以为自己可做个部门经理，而实际上他又无什么专长，这样高不成低不就的状态，只能让他由一个公司跳到另一个公司。其实这就是"心比天高，命比纸薄"的结果。

由此看出，个人在生活中找不到适合自己的位置时，便会有一种被生活遗忘的感觉，以为自己是个"多余的人"。失业青年的失落感大多是由此引起的。正如人们常说的那样——期望越高，失望越大。

假想一下，当你对生活抱着那种美梦般的幻想时，在想象的世界里，你是个至高无上的国王或王子，你希望拥有一份舒适的工作，最好是某大公司的总裁之职，你希望有一个幸福的家庭，儿子可爱、女儿美丽，且都聪颖过人……总之，你希望拥有一切美好。

可实际情况又怎样呢？

我们必须要活在现实生活中，如果我们过高地、超出自己实际能力的希望，如美丽的肥皂泡一样轻易地破碎了，于是失落因此而生成。而那些太多且不合理的希望，是一种没有正确、理智地估计自己的原因，失落也是在所难免的。

那么，如何才能避免失落呢？以下两种方法可以让你所有收获。

第一种方法：积极扮演角色。

失落者是一种角色的错位。

也许你现在担任的角色并不是最适合的，不是一个理想的角色。但不管怎样，对目前的角色都要积极地扮演。

积极扮演角色使自己感到充实。因为任何一个角色都是组织中一个不可缺少的环节，积极扮演就会体现出它的主要作用，个人的价值也会因此而实现。

而且，只有积极扮演角色，才可能发现自己的才能，才能找到更适合自己的位置。

第二种方法：奋斗使人产生充实感。

失落感是因为个人在社会生活中失去了位置，个人的价值找不到实现的方式。要想改变它，不妨证明自己对社会是有用的。

奋斗着的人们，遇到什么样的挫折和失败都不会感到空虚。因为进攻是最好的防守，也是最佳的突破方式。奋斗能让你显示自己的能量，它将是你突破失落的最佳方式。

如果说没有友爱，人生无趣的话，那么没有寂寞，人生同样乏味。试想，若把你抛进喧嚣的人海，整天整日里都得面对着人群，点头、微笑、说话、应酬……得不到喘息，到后来，不心烦意乱、发怒咆哮以至神经错乱才是怪事。没有寂寞的世界，该是个多么喧闹的世界，那岂不是人类的灾难吗？

既然人类存在一天，寂寞就会存在一天；既然精神的解放是人类通向自由王国的必由之路。那么，与其一味地哀叹寂寞，还不如勇敢地直面寂寞。人类就是在寂寞与充实的轮回中前进的。只要不被寂寞

扼制，以致消极、隐退、无为，进入恶性循环，那么，寂寞也可成为动力。治疗寂寞的最佳药方是"投入"，而非隔绝；是进取，而非逃遁。

逆境生长，成就人生

◎ 自我暗示的力量

自我暗示就是自己对自己的暗示。它是一个人用语言或其他方式，对自己的知觉、思维、想像、情感、意志等方面的心理状态，产生某种刺激影响的过程。换言之，就是所有为自我提供的刺激，一旦进入了人的内心世界，都可称之为自我暗示。

自我暗示是思想意识与外部行动两者之间沟通的媒介。它还是一种启示，提醒和指令，它会告诉你注意什么、追求什么、致力于什么和怎样行动，因而它能支配影响你的行为。这是每个人都拥有的一个看不见的法宝。

一个人的命运是由自我意识决定的，而自我意识又是潜意思的一部分。也就是说，因为积极的心理暗示要经常进行，长期坚持，这就意味着积极的自我暗示能自动进入潜意识，影响意识，只有潜意识改变了，人的行为才会改变，才会成为习惯。

暗示是一种奇妙的心理现象，暗示又可分为他暗示与自我暗示两种形式。他暗示从某种意义上说可以称之为预言，虽然它对致富也有一定的作用，但却不及自我暗示的力量大，所以在这里就不详细讲解"他暗示"，而主要阐述"自我暗示"。

自有人类以来，不知有多少思想家、传教士和教育家都已经一再强调信心与意志的重要性。但他们都没有明确指出：信心与意志是一

种心理状态，是一种可以用自我暗示诱导和修炼出来的积极的心理状态。成功始于觉醒，心态决定命运。

积极心态来源于心理上进行积极的自我暗示，反之，消极心态就是经常在心理上进行消极的自我暗示。不同的意识与心态会有不同的心理暗示，而心理暗示的不同也是形成不同的意识与心态的根源。所以说，心态决定命运，正是以心理暗示决定行为这个事实为依据的。

例如，星期天，你本来想约个朋友出去玩玩，可是早晨起床之后发现下雨了。这时候，你怎么想？你也许想：糟糕！下雨天，哪儿也去不成了，闷在家里真没劲……如果你想：下雨了，也好，今天在家里好好读读书，听听音乐……这两种不同的心理暗示，就会给你带来两种不同的情绪和行为。

对于多数人而言，生活并不是一成不变的，虽然不是一无所有，一切糟糕，但也不是什么都好，事事如意。这种一般的境遇相当于"半杯咖啡"。你面对这半杯咖啡，心里会怎么想呢？消极的自我暗示是为了少了半杯而不高兴，情绪消沉；而积极的自我暗示是庆幸自己获得了半杯咖啡，那就好好享用，因而精神振作，行动积极。

所以，每个人都有一个看不见的法宝。这个法宝具有两种不同的作用，这两种不同的力量都很神气。它会让你鼓起信心和勇气，抓住机遇，采取行动，去获得财富、成就、健康和幸福，也会让你排斥和失去这些极为宝贵的东西。心理上的自我暗示固然是个法宝，但这个法宝的巨大魔力，还需要通过长期运用，形成一种意识才会充分地显示出来。

具有自信主动意识的人，会长期进行积极的自我暗示，而具有自卑被动意识的人，却总是使用消极的自我暗示。经常进行积极暗示的人，把每一个困难和问题看成是机会和希望；经常进行消极暗示的人，却将每一个希望和机会看成是问题和困难。

　　美国社会学学者华特·雷克博士做了这样一个研究：

　　他从两所小学的六年级学生中，找出两组截然不同的学生作为研究对象。一组表现不好，难以救药的；另一组是表现优良，知道能够上进的。

　　研究发现，那些品行不良的孩子，在他们遇到某种困难时，往往会预期自己一定会有麻烦，觉得自己比别人低下，认定自己的家庭糟糕透顶等。而那些素质优良的孩子，则相信自己在学习上一定会出好成绩，不会遇到什么麻烦。5年过去了，追踪调查也有了结果，正如原先所预期的那样：品行优良的好孩子都能继续上进，而品行不良的孩子则经常会出问题，其中还有人有过犯罪的记录。

　　以上的事实说明：自我意识、自我评价本身确实能够左右一个人的发展。一个人如果有了不良的自我意识，就会有不良的行为表现，也就很容易被人们看成是"没出息"、"没有"，甚至"有犯罪意图"，而这样的人上进心不强，自然很难取得成就。

　　一个人经常怎样对自己进行心理暗示，他就会真的变成那样。比如，一个想要戒酒的人如果经常告诉自己"我无法戒酒"，那么他就永远都戒不了酒。凡事认为"我不行"、"我注定会失败"的人，他就不会成功。相反，只有自我意识是"可以"、"能够做到"、"一

定能成功"的人，才有可能有所作为，达到自己的目标。所以，我们要调整好自己的心理情绪，充分利用积极的心理暗示。

　　总之，如果你想要成功，就要每天不停地在心中念诵自励的暗示宣言，并牢记成功心法：你要有强烈的成功欲望、无坚不摧的自信心。如果你能将这个成功心法与你的精神、行动保持一致，那么，就会有一种神奇的力量来帮助你打开成功之门。

逆境生长，成就人生

◎ 不断地与自己抗争

爱默生说："一个人就是他整天所想的那些。"你想什么，你就是怎样的一个人，因为每个人的特性都是由思想造成的。每个人的命运完全决定于他的心理状态。所以，我们能够发现，当情绪低落时，情商高的人善于给自己一些积极暗示，与自己的内心进行抗争，帮助自己走出困境。

《荷马史诗》中歌颂的英雄——海中女神忒提斯之子阿基琉斯，他俊美、敏捷，有捷足之称。命里注定他或是庸碌而长寿，或是短命却荣耀，但他选择了后者。

特洛伊战争前夕，水神苦苦劝说自己的儿子不要去参加战争，不然就会丧命在这场战争之中，但阿基琉斯明知自己不能从特洛伊战争中生还，还是毅然参战。即使是面对敌人赫克托尔的"忠告"，他还是说"我的死亡我会接受"。他是希腊军队中最杰出的将领，因其主帅阿加门农夺走他的女俘布里塞伊斯，他拒绝参战。特洛伊人乘机进攻，他的好友帕特罗克洛斯为挽救希腊军队，披挂他的铠甲上阵，不幸战死。他悔恨自己的执拗，与阿加门农和解，重新出战，大败特洛伊人，杀死特洛伊主将赫克托尔。从此，他成了荷马永远的英雄。

阿基琉斯是勇敢无畏的，明知自己会战死沙场，也要前去一搏，不管他是为了自己的国家，还是为了超越自我，或者为了荣誉而战，

第四章 做自己的主人

但起码在命运面前他不愿妥协，宁可战死沙场也不接受命运的摆弄。虽然最后他死了，但他不相信命运、做自己主人的精神却永远活在后人心中。他的精神和灵魂将永存。

命运其实并没有那么可怕。对弱者来说，命运永远掌握在别人的手里；但是对强者来说，命运则掌握在自己手中。也就是说，命运遇弱则弱，遇强则强。如果你足够强大，你可以改写自己的命运，掌控自己的命运，开创一个成功的人生。

关于命运，诗人亨雷写道："我是我的命运的主宰；我是我的灵魂的船长。"这是一句富有哲学意味的话，这句话告诉我们：我们是我们命运的主人，因为我们有能力控制我们的思想。

命运总是时时刻刻都与你一同存在。所以，你不要敬畏它的神秘，虽然有时它深不可测；不要畏惧它的无常，虽然有时它来去无踪；但是请不要因为命运的怪诞而俯首听命，听任它的摆布。你要知道，等你年老的时候，暮然回首往事就会发觉，命运有一半在你手中，只有另一半才在上帝的手中。你的努力越超常，你手里掌握的那一半命运就越强大，你收获得就会越多。

在你彻底绝望的时候，别忘了有一半的命运都掌握在自己的手里。在你得意忘形的时候，别忘了上帝的手里还握着另一半。在你的一生中，你最应该做的努力就是——用你自己手中的一半，去获取上帝手中的另一半。我们总说与命运抗争，其实就是与自己抗争。

的确，如果我们心里都是快乐的念头，我们就能快乐；如果我们想的都是悲伤的事情，我们就会悲伤；如果我们想到一些可怕的情

况，我们就会害怕；如果我们有不好的念头，我们恐怕就不会安心了；如果我们想的全是失败，我们就会失败；如果我们沉浸在自怜里，大家都会躲着我们。

爱迪生是众人皆知的发明家，但是他的"学历"却是小学，老师因为总被他古怪的问题问得张口结舌，竟然当他母亲的面说他是个傻瓜、将来不会有什么出息。母亲一气之下让他退学，由她亲自教育。在母亲的耐心教导下，爱迪生的天资得以充分地展露。从那时候开始，他阅读了大量的书籍，走上科学发明之路。

在这个世上，相信没有什么会比一个刚刚求学的孩子遭到老师否认更让人难以忍受的事情了。爱迪生的妈妈更加不能容忍，她不相信自己的儿子是个傻瓜，因为她深信每一个人身上的潜能都是巨大的，只是老师没有发现。最终，在妈妈的指导和爱迪生自己的努力下，这个曾经被认为是傻瓜的孩子发明出了世界上第一枚灯泡，为人类带来了无尽的光明。

当一个人行走在自己的生命之路上时，可能会面临一次又一次的苦难，也可能会陷入一系列的困难中，刚开始他可能会使尽全力和这样那样的麻烦抗争。不久，当困难一直挥之不去的时候，他可能形成这样一种生活态度：人生是艰难的，生活所发的牌总是跟他过不去……那么，做这样那样的事情有什么用呢？

他灰心丧气，认准无论自己怎么做都"不会有什么好事"。这样，他想在生活中取得成功的梦想破灭之后，便将注意力转移到子女身上，希望他们的人生会是另外一种样子。有时，这会成为一种解决

问题的方式，然而孩子们又会陷入和父辈们相同的生活方式中。

终于经过一次又一次之后，他得出结论：只有一个办法能解决问题，那就是用自己的双手结束自己的生命——自杀。

其实，自始至终，他都没有能够发现那种可能改变自己人生的巨大潜能。他没有能够分辨出这种潜能……甚至并不知道这种潜能的存在……他看见成千上万的人在以和他相同的方式与命运抗争，然后他认为那就是生活。

在我们的周围，类似的事情还有很多，很多人每天都在抱怨他们命运不济，他们厌倦生活，以及周围这个世界运转的方式，但却没意识到，在他们身上有一种潜能，这种潜能会使他们获得新生。这种潜能一旦运用得当，将带给你信心而非怯懦，平静而非动摇，泰然自若而非无所适从，心灵的平静而非痛苦。请记住：每一个人都拥有一种伟大而令人惊叹的力量。

因为很多人不知道这一点，所以，有多少次我们已经触摸了巨大的潜能却没有认出它？有多少次巨大的潜能就握在我们手中而我们却把它扔掉了，仅仅因为我们没有认出它？有多少次我们目睹巨大的潜能在面前得到展现？然而，我们却没有看到它，没看到它可能带给我们的种种益处，没看到它无所不能、创造奇迹的影响。

我们活着的目的，就是为了过上好的生活，我们一直都在寻找那种改变我们生活的能力，但是大多数人一生都没有找到。其实不是我们没有找到，而是，它就在我们面前，我们没有发现它。战胜自己，去认识并利用它，实现自己的目标。

◎ 积极努力地去想象

梭罗说过："思想是个雕刻家，它可以把你塑造成你要做的人。"

思想作用于人最基本的原则就是：你想得越多的事，对你的吸引力越大。你越想忘记的事情，就越是无法忘记。

毕淑敏说过："初恋会被带进坟墓里。"

人要想做到忘记一件事情，真的是一件比登天还难的事情。

一名妇女说："我年轻时发誓，决不嫁姓史密斯的男人，决不嫁比我年轻的男人，也决不从事洗盘子的工作。但现在，这三件事我都做过了。"

你是否也常说类似的话，或者也经常听说类似的事呢？你是否也曾陷入完全违背你心意的处境？做了你原本不愿做的事情呢？

其实，只要你一直怀着积极的心态去想象，你就会达到自己要想要的目标。

美国联合保险公司有一位叫艾伦的推销员，他很想当公司的明星推销员。因此，他不断从励志书籍和杂志中学习，以求培养积极的心态，主动做好每一项工作。

有一次，他陷入了困境，这是对他平时进行积极心态训练的一次考验。

那是一个寒冷的冬天，艾伦在威斯康星州一个城市里的某个街区推销保险，但却一直都没有成功。他自己觉得很不满意，但当时他这种不满是积极心态下的不满，因为他想到了过去读过的一些保持积极心境的法则。

第二天，他在出发之前对同事讲述了自己昨天的失败，并且对他们说："你们等着瞧吧，今天我会再次拜访那些顾客，我会售出比你们售出总和还多的保险单。"

在这个信念的支撑下，艾伦又回到那个街区，访问了前一天同他谈过话的那些人，最终他售出了66张事故保险单。这确实是了不起的成绩。因为在这之后，他曾在风雪交加的天气里挨家挨户走了8个多小时却一无所获。但艾伦没有放弃，他反而能够把这种对大多数人来说都会感到沮丧的困难，变成第二天激励自己的动力，最终得偿所愿。

抱着一种积极心态，不断去想象自己可以成功，是获得成功的必不可少的一个因素，大凡有所成就的人，都运用了这种力量。人人都希望成功会不期而至，但绝大多数人并没有这样的运气和条件。就是有了这些条件或运气，我们也可能感觉不出来。因为往往越是很明显的东西越容易被人忽略，每个人都有自己的长处，最容易被发现，又最容易发挥出来的就是这个长处——积极心态。

有一次，亚历山大大帝为了表示他的慷慨，把礼物送给大家：他给了甲一大笔钱，给了乙一个省份，给了丙一个高官。

他的朋友听到这件事后，对他说："你要是一直这样做下去，你自己会一贫如洗。"亚历山大回答说："我哪会一贫如洗，我为我自

逆境生长，成就人生

己留下的是一份最伟大的礼物，我所留下的是我的希望。"

克莱门·斯通说："人的心态是随着环境的变化，自然地形成积极和消极两种的。思想与任何一种心态的结合，都会形成一种"磁性"力量，这种力量能吸引其他类似的或相关的思想。"

这种由心态"磁化"的思想，好比一颗种子，当它培植在肥沃的土壤里时，会发芽、成长，并且不断繁殖，直到原先那颗小小的种子变成了数不尽的同样的种子。

这就是心态之所以产生重大作用的原因。积极的心态，能够激发起我们自身的所有聪明才智；而消极的心态，就像蛛网缠住昆虫的翅膀、脚踝一样，束缚我们才华的光辉。

如果有人对你说："别去想一头身上有紫色斑点、大耳朵、戴太阳镜的粉红色大象。"你一定会满脑子想着这么一头怪象。

你可曾告诉自己"我一定要忘掉这件事"，然后果然就忘掉了？你的心思一直努力做到遗忘，但它实际做到的却是记住那件事，比和你说"我要记住那件事"的效果还好。

在大型比赛中夺魁的网球好手，一定总是想着：我要得到这2分，这球是我的！没接到球的人，心中的想法则是：我可别漏接了这个球。

同样，总说"我不想生病"的人，会面临一场格外艰苦的奋斗，老想着"我不要过寂寞的生活"、"我不想破产"、"希望这次事情不至于搞砸"的人，往往就会落入他们一心想避免的困境。

柯林·鲍威尔是牙买加移民的儿子，他从布龙克斯的街巷里走出来，最终成长为参谋长联席会议主席和在美国最受尊敬的人物之一。

在他的畅销书《美国之路》中，他列举了30条他严格恪守的生活准则，其中有不少体现了乐观主义的基本价值，很值得我们借鉴。比如：

这事儿能做！

永远的乐观主义，是一个力量的加倍器。

不要向自己的恐惧退让，也不要轻易向对手妥协。

千万不要把事情想象得那么糟，也许明天早晨它会有转机。

不要让任何不利的事实来妨碍你作出一个好的决定。

像鲍威尔这样的乐观主义者，总是相信权力和控制出自他们自身。在他们看来，即使你想的是不希望这件事成为事实，你还是会朝着它走去。这是因为心灵只能被诱导去做某事，却不能接受诱导不去做某事。

世界上有两种人——肯定的人和否定的人。当你跟成功的人在一起，跟持肯定的人生观的人在一起，他们会增强你对生活的肯定态度。对自己的肯定可以让你获得足够的勇气去挑战困难，挑战命运。

思想是如此奇特，情商高的人能够恰当地运用它，使自己的人生达到理想的境界。

◎ 做自己的主人

人定胜天。这是无数成功人士验证的真理。诗人亨雷写道："我是我命运的主宰；我是灵魂的船长。"没错，我们是我们自己命运的主人，因为我们有能力控制自己的思想。

很多情况下，人们的命运都是由别人和外物所控制，要主宰自己，就需要莫大的勇气。特别是对于一个失败者，当他陷入挫折的情绪中，要及时调整自己，战胜自己，树立起主宰自己的信心，更不是一件容易的事。

希尔丽是一个文学爱好者，她用了很长的时间写了一篇小说，然后拿给一位著名的作家看，希望能得到他的教诲。她来到了作家的家里，作家很热情地接待了她。因为作家眼睛不太好，希尔丽把小说念给作家听。很快，她就读完了，停下来。

作家问："结束了吗？"

"听他的语气，似乎渴望能有下文！"想到这里，希尔丽立刻产生了灵感，回答说："没有啊，后面的部分更精彩。"于是她就根据自己的想象继续往下"念"。

过了一会儿，作家又问："结束了吗？"

希尔丽心想："作家肯定是渴望把整个故事听完。"于是，她就继续往下"念"。

如果不是突然响起的电话铃声打断了希尔丽的话，她会一直"念"下去的。

作家因为有事需要马上出门，临走前，他说："其实你的小说早该收笔，在我第一次询问你是否结束的时候，就应该结束。何必又往下写那么长呢？看来你缺少作为一名作家最基本的素质——决断。决断是当作家的根本素质，拖泥带水的作品怎么能打动读者呢？"听了作家的话，希尔丽后悔莫及，心想："看来自己不适合从事写作的事，还是放弃，为自己重新找一个方向吧！"

很多年后，希尔丽从事了绘画的职业，但是她从心里还是喜欢写作，那是她儿时的梦想，可惜自己偏偏不具备写作的基本素质。人生真的是有很多不如意。

一个很偶然的机会，希尔丽结识了一位更著名的作家，当希尔丽和他谈及当年给作家念小说的事情时，这位作家不禁惊呼："你能在那么短的时间里编造出那么精彩的故事，真是不容易呀！这是作为一个优秀作家应该拥有的最基本的能力，而你却放弃了写作，实在是太可惜了！"自己的事自己不去做主，而总是在他人的建议中摇摆，始终不去依靠自己的想法去做事，这样的人与一个木偶有什么区别呢？

人若失去自己，则是天下最大的不幸；而失去自主，则是人生最大的陷阱。赤橙黄绿青蓝紫，你应该有自己的一方天地和特有的色彩。相信自己，创造自己，永远比证明自己重要得多。你无疑要在骚动的、多变的世界面前，打出"自己的牌"，勇敢地亮出你自己。你该像星星、闪电，像出巢的飞鸟，果断地、毫不顾忌地向世人宣告并

展示你的能力、你的风采、你的气度、你的才智。

你永远是自己的主人，不管是你懦弱地生存时，还是勇敢地生活时。但是你懦弱的时候，你只是一个愚蠢的主人，错误地管理着自己的"家产"。只有当你勇敢地为自己的生命负责并为之奋斗不息时，你才称得上一名聪明的主人了。做自己的主人，就要做一个聪明的主人，并敢于在生活中付诸行动。

看看下面这个故事，也许会让你如梦初醒。

查理的工厂宣告破产了，他所有的财产加起来资不抵债，他成了一个名副其实的穷光蛋。

查理无法面对残酷的现实，心力交瘁，沮丧透了，几乎想到了自杀。

他流着泪去见牧师，希望能够得以指点，让他东山再起！

牧师说："我对你的遭遇很同情，我也希望能对你有所帮助，但事实上，我却没有能力帮助你。"

查理惟一的希望破灭了，他喃喃自语道："难道我真的无出路了吗？"

牧师说："虽然我没办法帮助你，但我可以介绍你去见一个人，他可以协助你东山再起。"

牧师带着查理来到一面大镜子前，手指着镜子里的查理说："我介绍的这个人就是他，在这个世界上，只有他才能够使你东山再起，只有他才能主宰你的命运。"

查理怔怔地望着镜子里的自己，用手摸着长满胡须的脸孔，望着

自己颓废的神色和迷离无助的双眸，他不由自主地抽噎起来。

第二天，查理又来见牧师，他从头到脚几乎是换了一个人，步伐轻快有力，双目坚定有神。查理说："我终于知道我应该怎么做了，是你让我重新认识了自己，把真正的我指点给我了，我已经找了一份不错的工作。我坚信，这是我成功的起点。"

几年后，查理东山再起，事业如日中天。

主宰自己不是口号式的宣言，而是情商正面强化的结果，是在奋进过程中的心理能动力量，是积极的心理自我暗示产生出来的结果。

人的一生中，会遇到这样那样的不幸、苦难和困惑，但只要我们在绝境中不屈服，敢于驾驭自己的命运，挖掘自身的潜能，并不忘记享受生活的美丽，学会坦然，学会乐观，自己设计自己的人生路，不作生活的奴隶，做一个快乐而成功的自己。

人生就就像打扑克牌，别管命运给我们发了什么样的牌，也不管命运给别人发了什么牌，你的牌最终是你来打，先打什么，后打什么，怎么打，都是你说了算。你不要怪牌不好，要怪就要怪自己打牌的能力不高。记住：你是你自己的主人。你的牌要由你来控制。

做自己的主人，就是创造自己生命的奇迹，是修炼自己完善的人格魅力，是怀揣一个追求成功的梦想，是做自己的救世主，是保持自我本色，是把握自己的命运，是做一个成功而真实的自己。

如果说人生如戏，请记住：你就是剧中的主角。因此，你可以在影片拍摄期间随意更改剧情。

第五章
战胜自己

　　大自然中的一切事物都是有优点和弱点的，因自己的弱点而自卑是最愚蠢的。如果总是跟自己过不去而产生自卑，那无异于折磨自己。

◎ 人最大的敌人是自己

每个人都不愿意成为别人的奴隶，受人驱使，命运悲惨，过着惨不忍睹的凄惨生活。但是，人们在很多时候却成为了自己的奴隶，自己心理上的奴隶。让我们难以想象的是，在我们的周围，其实这样的"心理奴隶"随处可见。

如果一个人的一生中，一直处于游移不定，没有任何实际目标可言的状态话，那么就基本可以定义其为"心理奴隶"。这样的人惧怕真正地面对生活，害怕挺身而出，承担责任，总是找借口来搪塞工作，结果到了工作生涯结束时也毫无成就感可言。

有一个人，退休之后，有一份丰厚的退休金以及社会保险金，然而他却并不快乐。他对别人说："我在公司里呆了这么多年，就像董事长曾经说的那样，可谓劳苦功高。现在我光荣退休了，本该是值得高兴的，可是我并不快乐，甚至觉得这是我一生中最悲伤的开始。"

人们不解地问他："为什么？"

他说："我觉得自己一事无成，非常失败。我不但没有获得快速的升迁，而且不肯吃苦，无法全身心投入工作，我错过了很多次可以好好表现、获得晋升的机会。如今，我退休了，再也没有机会去争取什么，我自己也注定就是这幅模样。往事不堪回首啊！"

其实，这个人是生活中无数人的缩影和写照。当尘埃落定的时

候，人们习惯于把自己判入"心理牢笼"之中，成为一种"另类奴隶"。这种奴隶并不限于某一种类型的工作：在办公室中、在商店里、在工厂以及在每一个地方，我们都能发现这种奴隶的存在。因为自闭、畏惧、爱找借口，他们一般不喜欢和别人合作，因为这个特点，使得他们无法高效工作，不容易与人相处，注定很难取得成就。

没有人心甘情愿过完庸碌的一生，没有希望暮年回首时，发现自己的一生是失败的一生，是没有任何荣誉，没有任何荣光和值得回味的一生。我们都渴望成功，让自己成为最耀眼的那个，即便我们不能光彩夺目，但最起码我们要让自己觉得活这一回是值得的，是问心无愧、毫无遗憾的，所以我们不能成为自己的"心理奴隶"。我们要去追求，要实现自己的目标和理想。

小郭是一个非常勤奋的人，尽管他只有大专学历，但是他从不觉得自己低人一等，也不认为与那些本科硕士有什么差距。相反，他自从参加工作过之后，一直努力提升自己，给自己充电。

当领导安排任务之后，他总是尽力去完成，争取跟其他人完成得一样好，甚至更好。一次，他由于出现了一点小失误，导致没有按时完成任务，而那些本科生却做得很好。当领导问他原因的时候，他说："这次是我自己的一点失误，我以后一定虚心和大家学习，争取不再出现这样的拖后腿现象。"领导知道他是一个有上进心的人，也知道他一定会做好，于是就微笑着示意原谅他了。

事后，他并没有因为这次的失误自责自己，而是继续努力提升自己，争取不再出现类似的情况。果然不负众望，在公司越做越好。

人最大的敌人是自己，如果你自己欺负自己，奴役自己，那没有人可以帮得了你。你只有正确看待自己，不贬低自己，把自己放在一个正确的位置上，努力去实现自己的价值，你就是成功的。走出自己的心理陷阱，让自己每天都有一份好心情。

第五章　战胜自己

◎ 给你的信心充电

人如果缺乏信心，就很难做好事情。在工作和生活中，保持信心，不找借口，才能做好自己想做的事情。

一位成功的公司女主管说："我在一家修道学校等了12年，结果，当我开始推销的时候，每当有人和我说话，我就向他鞠躬。我一再地道歉。假如我发高烧，我就说对不起。假如我的老板发高烧，我也说对不起。如果外面下雨，我还是说对不起。"

人要想自我提高，就要有办法看出自己的错误和缺点，从而改正、完善它们，但你也必须学会判断你什么时候有权为一些不太顺利的事情不负责任。相对而言，男人可能知道他们必须应该负责什么事情，什么事情可以不理会。

以推销为例，一家大报社的广告经理说："推销是一种你不会在朋友面前那样表现的行为。"当你推销一种产品的时候，你要对方买下来，你要对方把你看成是一个诚实、真挚的人。通常，当你说"推销"的时候，你跟他们之间就出现一道无形的鸿沟。你必须使别人相信，你有一种特殊的产品正是他需要的。

在这个社会上生存，我们不可避免地要学会自我推销。只有把自己展示出去，获得别人的认可，我们才有可能获得更多的机会，才更有可能取得成功。当然，推销自己的时候，我们不可表现出很害怕的

样子。如果你没有被雇用，还有别的工作啊。当然，如果你失业了一年，一大家人都在等待你的支援，你也不要灰心丧气，而是要看起来很有信心，甚至即使你觉得你像刚从一架飞机中被推出来。

此外，当你在推销自己的时候，不要害怕做错事，但一定要从错误中得到教训。别担心做错事。但别忘记要从错误中得到教训。很多时候，推销自己就像参照食谱去准备一道菜。正当你认为每一步都确实照做了之后，还必须回到第一页，做最后的加油添酱，这才是成败的关键。

当然，在进行了多次的自我推销之后，你会发现，有一种方式很容易成功，但是你也不可以一直用，你必须经常修改推销自己的方式。你不再是5年前的你，也不会是5年后的你。你接触的那些人，他们也有改变之处，人家对你的态度也会改变的。

如果你对自己有信心，真诚和信心将是你最大的资产。这是推销自己时应该记住的最重要的一点。

推销自己是一种才华，也是一门艺术。就像是绘画的能力，两者都需要培养个人的风格。没有风格的话，你只是芸芸众生中的一个而已。风格是所有我们以前和现在所看到的和感受到的综合品。

一个真正完整健康的人，不但要有发达的四肢、健壮的肌体，还必须同时具有一种正常而良好的心理，这才是获得幸福、取得成功的前提。

在现实生活中，每个人都可能遭受情场失意、官场失位、商场失利等方面的打击；我们每个人都会经受幸福时的欢畅、顺利时的激

动、委屈时的苦闷、挫折时的悲观、选择时的彷徨，这就是人生。酸、甜、苦、辣，人生百味，你可能都要品尝。

在这个世上，有很多信心不足的人，他们就像那些营养不良的人一样，很难有一个完整美好的人生。信心不足这种"疾病"会使人把自己约束在昨日的生活模式之中，而不敢轻易尝试突破现状的努力，过着没有明天、没有希望的日子，而且还会使人的能力、天性无法得到充分发挥。

我们要想提高信心，就必须靠自身努力来医治，只是靠自己培养对自己能力的肯定与信赖，充实信心来源。而且应像清扫街道一般，首先将相当于街道上最阴湿黑暗之角落的自卑感清除干净，然后再种植信心，并加以巩固。

具体来说，信心的建立，可以参考以下几种方法：

1. 恢复自信心和优越感

如果你能积极利用这种笑的效果，则可医治因失败而产生的悲观和心理的紧张，甚至可将绝望吹得无影无踪。怪不得有许多人在怏怏不乐时，就会跑到游乐场所去调剂一下情绪。同样地，如果在忧郁的时候，读一读身旁的漫画，或幽默小说，心情也立刻会开朗起来，甚至干劲十足。换句话说，利用外界的刺激，来引发自己大笑，便会使自己恢复优越感或自信心。

2. 正确评价自己的才能与专长

你不妨将自己的兴趣、嗜好、才能、专长全部列在纸上，这样你就可以清楚地看到自己所拥有的东西。另外，你也可以把做过的事制

成一览表。譬如，你会写文章，记下来，你擅长于谈判，记下来；另外，你会打字、你会演奏几种乐器、你会修理机器等种种，你都可以记下来。知道自己会做哪些事，再去和同年龄其他人的经验做比较，你便能了解自己的能力程度。

3. 利用微笑，鼓舞勇气

许多人都知道，微笑对他们有较大的帮助。微笑是治疗"信心衰弱症"的最佳药方。但许多人还是将信将疑，他们在恐惧的时候，也从未试图微笑过。

津马布韦的乔伊夫人在马克莱银行负责公共关系，她的办公桌就放置在银行大门内进口处的右边。她总是面带微笑，不厌其烦地解答顾客遇到的各种问题。在她的办公桌上，有一篇用镜框镶起来的题为《一个微笑》的箴言："一个微笑不费分文但给予甚多，它使获得者富有，但并不使给予者变穷。一个微笑只是瞬间，但有时对它的记忆却是永远。世上也没有一个人贫穷得无法通过微笑变得富有。一个微笑为家庭带来愉悦，为沮丧者带来振奋，为悲哀者带来阳光，它是大自然中去除烦恼的灵丹妙药。然而，它却买不到，求不得，借不了，偷不去。因为在被赠予之前，它对任何人都毫无价值可言。有人已疲惫得再也无法给你一个微笑，请你将微笑给予他们吧，因为没有一个比无法难予别人微笑的人更需要一个微笑了。"

我们如果学会了微笑的技巧，就会改变我们的人生，此时，我们不但会让自己快乐，也会给别人带来欢乐，然后逐渐走向成功。

◎ 自立者天助

俗话说，自立者天助。也就是说，每个人都可以实现自立自助的独立生活，可在现实中，只有少数人能够真正如此。当然，依赖他人，追随他人，什么事都靠别人去思考、去策划、去完成，这当然要比自己去想、去策划、去工作要容易得多，也惬意得多。然而，一个人如果有了依赖的想法，他就会丧失勤勉努力的精神。所以，我们不要过分依赖任何人，否则只会缺乏主见。

一般的人，如果在某一方面缺少特殊的才能，就会变得不想再努力，以为努力也不会有成果。而许多成功的人却不是这样，他们在最初的时候与常人没什么两样，也没有什么特殊能力和机遇，但他们却有高过一般人的自立精神和生活愿望，而且可以把这些作为奋斗的支柱，因此，获得了最后的成功。

要想知道自己的身体里究竟有多少才能与力量，一定要通过亲身实践来检验。同势力、资本以及亲戚朋友的扶持相比，自立精神最为重要，它对人的成就有不可思议的力量。

苏启楠坐在客厅里，紧握着拳头气愤地说："我永远也改不了，她让我一错再错！"

苏启楠所指的是她，就是一次又一次地听从她的朋友高怡然劝她做这做那。这一回，她听了高怡然的意见，把她的厨房糊上一层最

逆境生长，成就人生

新式的红白条墙纸。"我们一块去商店选中了这种墙纸，因为高怡然喜欢这一种，说这墙纸能使整个房间活跃起来。我听了她的话。而现在，是我在这个蜡烛条式的牢房里做饭。我讨厌它！我怎么也不习惯。"她感到，这一折腾既花费了钱，又不习惯，还不能立刻改变，简直难以忍受。

苏启楠意识到自己不仅是对选墙纸一事愤怒，而且气愤自己又受了高怡然意志的摆布，同样也是高怡然，说苏启楠的儿子太胖了，劝她叫儿子节食。她还说她的房子太小，使她为此又花了一笔钱。

苏启楠问题的关键在于学会尊重自己的意见。过去她的意见总要事先受高怡然的审查或者某个类似高怡然的人物的审查。后来她有了进步，尽管高怡然说那双鞋的跟"太高，价也太贵"，她还是买了那双高跟鞋。苏启楠回忆说："我差点儿又让她说服了。但我还是买了，因为我喜欢，您可以想象当时高怡然的脸色多难看！"最有趣的是，最后高怡然自己也买了一双同样的鞋，因为鞋样很时髦。

苏启楠现在所做的调整只是与另一个女人的关系的界限。她仍然把高怡然当作好朋友。并不是每个人都有类似的朋友，在特殊情况下，有的人愿意受朋友的控制，是因为他缺乏主见，产生了对朋友的依赖。而过分的依赖会让朋友产生反感。

马智慧是位年轻妇女，她愿意让一位朋友摆布她的生活。与苏启楠不同的是，马智慧是主动要求受控制。当她的垃圾处理装置出毛病后，她给好朋友阿梅打电话，问她怎么办。订阅的杂志期满后，她也去问阿梅是否再继续订。有时她不知晚饭该吃什么时，也给阿梅挂电

话问她的意见。阿梅一直像个称职的母亲一样，直到有一天出了乱子。

有一天，阿梅的一个儿子摔了一跤，衣袖给划了个口子，需要缝针。马智慧又打电话问问题了，由于非常疲倦，阿梅严厉地说道："天哪！看在上帝的分上，马智慧，您就不能自己想想办法？就这一次！"说完，就挂了电话。对阿梅的拒绝，马智慧感到迷惑不解，她说："我还以为阿梅是我的朋友呢。"

在任何时候，自己都要有自己的看法，有主见的人才能赢得更多的尊重，获得更多的朋友。过分的依赖会损害你和朋友的关系，而且是双方的，朋友并非父母，但他们没有指导和保护你的义务，他们能给你支持，但不可能包办代替，你必须清楚，他只不过是朋友而已。你自己不能作决定，缺乏主见，就会使你受到朋友正确或错误的意见的影响。为此，你应该立刻决定，摆脱对朋友的依赖。

此外，还有很多父母总想给他们的子女创造最优越的条件，为了不让他们奋斗得过于艰辛，就处处翼护着他们，使他们免受一丝一毫的委屈。殊不知，这种做法在不知不觉中已经毁掉了孩子的前程。父母的做法看似在给孩子开辟出路，其实质恰恰相反，而是在给他设置障碍。当他失去了自立自助的能力时，他就会在依赖中苟且生存，很难成长起来、强大起来。

因此，我们大家必须谨记：外援和依赖不可能帮助我们充分发展智力与体力，真正能帮助我们，对我们的一生都将有很大益处的是自立自助。

世界上能够获得成功的人，都是摆脱了依赖，抛弃了拐杖，具有

逆境生长，成就人生

自信，能够自立的人。对一个人来说，进入成功之门的钥匙惟有自立自助，这种品质正是获得胜利的前提。

驾驶航船的船长是否训练有素，在风平浪静时是看不出来的，只有在狂风暴风、波涛汹涌、大船交覆、人心惊恐的时刻，才能够显示出船长的真实本领。船长之所以能成为船长，正是因为他曾经无数次经受过大风大流的严酷考验。

同样，一个人能否坚定意志、努力奋斗，能否获得巨大的成功，也只有在困境中才能磨炼出来。外界的扶助，有时或许也是一种幸运，但更多的时候，情况恰恰相反。你最好的朋友并不是供给你金钱的人，真正的好友是鼓励你自立自助的人。

世界上许多人之所以会无所作为，就是因为他们贪图享受，缺乏自信，不敢照着自己的意志去行动。他们凡事都必须得到他人的同意认可，才敢作出决定，这样的人，永远只是生活的奴隶。

一个身体健全的人如果总是依赖他人，慢慢地就会感到自己不是一个完整的人。用自己的双手撑起蓝天的人，才是天地间真正的巨人。一个人只有在能够自立自助的时候，才会感到自由自在，无比幸福。你要知道，春天的到来是因为花朵的盛开，而非春天带来了美丽的花朵。希望你可以做一朵花，不但芬芳了自己，还能让整个春天香飘四溢。

◎ 消除恐惧

恐惧多半是心理作用，但是它确实存在，并且是发挥潜能的头号敌人。如果你始终处于一种消极的心态，并且满脑子想的都是恐惧和挫折的话，那么你所得到的也都只是恐惧和失败。但是，如果你以积极心态发挥你的思想，并且坚信自己一定会取得成功，那么你的信心就会使你实现自己的目标。所以，我们必须摒弃恐惧，给自己更多可以实现成功的可能。

鲁迅先生曾说："人生的旅途，前途很远，也很暗。然而不要怕，不怕的人的面前才有路。"不要怕，才会行动，而行动可以治愈恐惧、犹豫，拖延则只会助长恐惧。也就是说，在我们前进的道路上，无论有什么障碍和困难，我们都不应感到惧怕。

在我们的生活中，当我们遇到困难的时候，不要恐惧，我们一定要知道，没有什么事是真正值得我们恐惧的，我们只有勇敢地向前走，不回头，努力为自己的目标去努力，我们才会成功。也只有这样，我们才活得有意义，生命才更有价值。

伊利娜·鲁威特曾经说过："每一次你停下来直视恐惧的经历会使你获得力量、勇气和信心。"当一个决心面对某些事情的时候，那些事情总会慢慢地变小并最终撤退跑掉。面对困难或恐惧比试着逃避它们要安全得多。

有一个老牛仔，在一个大的养牛场做了一生。在那里冬天的暴风雨会让牛场损失很多牛。在冬天，冰冷的雨打在草原上，咆哮的、严厉的风使雪堆积成巨大的堆积物。温度很快就降到0摄氏度以下。飞起来的冰块能割开肌肉。在这个恶劣的天气下，多数牛会背朝着冰块顺着风走。走了一英里又一英里，最后被边界的栅栏挡住，它们就靠着栅栏堆积并且死去。

但是赫里福德郡牛却不一样。这种牛会本能地头顶着风走到牧区的尽头，它们在那里肩并肩地站在一起，面对着暴风雪，低着头抵抗它的袭击。

牛仔说："很多时候你会发现，赫里福德郡牛能够在那样的环境里活下来并且活得很好。我想那就是曾经在草原上学到的最大的功课——面对生命中的暴风雪。"

这个人生的功课是很正确的，难怪牛仔会说这是他人生中有重要意义的一课。所以，面对让你感觉恐惧的事情，不要逃避，也不要顺从，而是要勇敢地面对。在人的一生中，我们会经历很多事情，我们无可避免地会重复地选择是逃避还是面对。面对，会让我们向着前方迈进，而逃避只会让我们原地踏步，甚至后退。

实际上很多恐惧是毫无根据、毫无意义的。有人说，在人的一生中，有92%的人所恐惧的事情从未发生，只有8%的发生了。让我们把恐惧踩在脚下吧！当你感到恐惧的时候，朋友们会劝你不要担心，那只是你的幻想，没有什么可怕的。虽然这种安慰可能会暂时解除你的恐惧，但是我们都很清楚，这并不能真正地帮你建立信心，消除恐惧。

那么，我们该怎样才能避免可怕的事降临呢？

最好的方法是跟潜能连接。潜能拥有无限的能力，若能和潜能接触就可得到其无限力量的供给，并感到很安心。这时候的自觉程度如果和潜能成正比的话，就可以受到能力的供给。这种自觉并不是靠看书或听到别人谈论就可了解的，而是自己心里必须十分明白已经到什么程度，即整个内心的自觉。

如果我们能和潜能的灵魂协调而生活，那么任何东西都无法从外在来攻击我们。意思也就是把心转换过来，时常往好的方面去想。

如果你是一个在人际关系上不得意的人，那么你也不能抱有"反正我都是不顺利的"坏想法，而是要想着"凡事我一定都是顺利的"。

如果你只是公司里的一名普通职员，你也不能认为自己一辈子就只是一名职员，如果在你的心灵深处播下这颗习惯性的种子，那么将会影响你未来的发展。所以，要脱离这种坏思想，不要恐惧未来，而是要怀揣梦想，相信有一天，自己也会成为董事长。

你要知道，在工作中，当我们遇到困难时，唤醒心中的勇气，会让我们找回自己。伊尔文·本·库柏是美国最受尊敬的法官之一，我们在他的成长经历中能获得不少启示。

库柏在密苏里州圣约瑟夫城一个准贫民窟里长大，他的父亲是一个移民，以裁缝为生，收入微薄。

为了家里取暖，库柏常拿着一个煤桶，到附近的铁路去拾煤块。库柏为必须这样做而感到困窘。他常常从后街溜出溜进，以免被放学的孩子们看见。但是，那些孩子时常看见他。特别是有一伙孩子常埋

伏在库柏从铁路回家的路上，袭击他，以此取乐。他们常把他的煤渣撒遍街上，使他回家时一直流着眼泪。所以，库柏总是生活于或多或少的恐惧和自卑的状态中。

但是，命运是公平的，它不会让人一直处于一种压抑的状态。有一天，库柏的人生终于发生了转机。库柏因为读了一本书，内心受到了鼓舞，从而在生活中采取了积极的行动。这本书是荷拉修·阿尔杰著的《罗伯特的奋斗》。

在这本书里，库柏读到了一个像他那样的少年奋斗的故事。那个少年遭遇了巨大的不幸，但是他以勇气和道德的力量战胜了这些不幸，库柏也希望具有这种勇气和力量。

库柏读了他所能借到的每一本荷拉修的书。当他读书的时候，他就进入了主人公的角色。整个冬天，他都坐在寒冷的厨房里阅读勇敢和成功的故事。不知不觉，自己也慢慢具备了积极的心态。

在库柏读了第一本荷拉修的书之后几个月，他又回到了铁路上，正巧那些坏孩子也迎面而来。他最初的想法是转身就跑，但很快，他就想起了他所钦佩的书中主人公的勇敢精神，于是他把煤桶握得更紧，一直向前大步走去，犹如他是荷拉修书中的一个英雄。

这是一场恶战。三个男孩一起冲向库柏。库柏丢一铁桶，坚强的挥动双臂进行抵护，使得这三个恃强凌弱的孩子大吃一惊。库柏的右手猛击到一个孩子的口唇和鼻子上，左手猛击到这个孩子的胃部。这个孩子便停止打架，转身溜跑了，这也使库柏大吃一惊。

与此同时，另外两个孩子正在对他进行拳打脚踢。库柏设法推走

了一个孩子，把另一个打倒，用膝部猛击他，而且发疯似的连击他的胃部和下颚。现在只剩下一个孩子了，他是他们的头儿。他突然袭击库柏的头部，库柏设法站稳脚跟，把他拖到一边。两个孩子站着，相互凝视了一会儿。然后，这个孩子们的头儿一点一点地向后退，也溜走了。库柏拾起一块煤，投向那个退却者，这也许是在表示他正义的愤慨。

当一切结束时，库柏才知道他的鼻子在流血。他的周身由于受到拳打脚踢，已变得青一块紫一块了。但是，这对于库柏来说是非常值得的。库柏的胜利，不是因为库柏并不比一年前强壮了多少，也不是攻击他的人不像以前那样强壮，而是在于库柏自身的心态。他已经不顾恐惧，面对危险而勇敢战斗。在库柏的一生中，这一天是一个重大的日子——他克服了恐惧，战胜了自己，也战胜了敌人。

他决定不再听凭那些恃强凌弱者的摆布。从现在起，他要改变他的世界了，他后来也的确是这样做的。库柏给自己定下了一个定位。当他在街上痛打那三个恃强凌弱者的时候，他并没有受惊骇，库柏将自己想象成荷拉修书中的特罗伯特卡佛代尔，成了一个大胆而勇敢的英雄，在后来的人生道路上，他一直都在勇敢地战斗。

所以说，把自己视为一个成功的形象，有助于打破自我怀疑和自我失败的习惯，这种习惯是消极的心态经过若干年在一种性格内逐渐形成的。此外，还可以把自己设定为可以激励自己的某一形象，它可以是一幅画，一句名言，等等，这些都可以帮你改变心态，为你带来一个不同的世界。

因此，充满勇气，你就能比你想象的做得更多更好。在勇于挑战困难的过程中，你就能使自己的平淡生活变成激动人心的探险经历。这种经历会不断地向你提出高标准，不断地奖赏你，也会不断地使你恢复活力和满怀创造力。

第五章　战胜自己

◎ 永远保持进取心

对于进取心，胡巴特曾作过如下说明：

"所谓进取心，就是人要主动去做应该做的事情。"

"这个世界愿把一件事情赠予你，包括金钱与荣誉，那就是'进取心'。"

"仅次于主动去做应该做的事情的，就是当有人告诉你怎么做时，要立刻去做。"

拿破仑·希尔告诉我们，进取心是一种极为难得的美德，它能驱使一个人在不被吩咐应该去做什么事之前，就能主动地去做应该做的事。

如果你想成为一个具备进取心的人，你必须克服你性格中拖延的习惯。把你应该在上星期、去年或甚至于十几年前就要做的事情，不要再拖到明天去做。要知道，拖延的习惯正在啃噬你意志中的重要部分，你只有革除了这个坏习惯，才能取得成就，否则很难。

如何才能克服拖延的习惯呢？现在为大家推荐以下几种可以使用的方法：

第一种方法：每天要把养成这种主动工作习惯的价值告诉别人，至少也要告诉一个人。

第二种方法：到处去寻找，每天至少要找出一件对其他人有价值

逆境生长，成就人生

的事情来做，而且不要期望一定要获得报酬。

第三种方法：每天从事一件明确的工作，而且不必等待别人的指示就要能够主动去完成。

此外，人的进取心还受到拖延时间这个因素的影响。我们知道，拖延时间，意味着虚度光阴，无所事事。无所事事会使我们感到厌倦无聊。看看那些取得过最佳成绩的人，他们都是没有时间议论别人的，也没有时间闲着，他们总是忙自己的实际工作。如果我们利用"现在"做一些自己愿意做或者喜欢做的事情。我们就能充分发挥自己的思维能力和创造能力，将这些事情做得更好。这样一来，我们就会在生活中发现快乐，永远不会觉得生活乏味无聊。

在某些时候，人们容易提不起勇气，心存恐惧。我也有过恐惧，比如工作。每当我在处理一些公司难题的时候，有人说我很勇敢，有些报纸甚至说我是个"无畏的第二管家"。但是，我具有"勇气"，并不能够说我就没有存在过恐惧，因为"勇气"其实就是面对恐惧仍然行动的行为。如果你现在担心将来的境况，担心将来能够做什么工作，不清楚自己将往什么地方走，那么，你不妨记住：走出第一步就等于是展现勇气。

我现在的工作是演讲和专业咨询，为一些公司的高级职员作职业培训，给一些知名的公司解决问题。这是我自己选择生活或者说是职业生涯。

有人为我担心，说我不应该做这么多的工作，担心我胜任不了。其实，我这样做只是为了证明我自己，并不是我知道终点，我所想的

只是现在接受挑战，去解决很多无法预料的问题。我没有替自己找借口的习惯，我需要的是再加快自己的行动速度。我可以在行动中看到机会，即使是心怀恐惧，也要采取行动，走出第一步，即使不知道后面的路怎么走也要走出第一步。

也许你不认同我的做法，也不认同我提出的建议，即使你不同意我现在做的这些事情，你仍然可以在将来的某些时间做这些事情。我相信，你会在你的奋斗中突破恐惧的心理，争取更多的时间做更有意义的事情，改掉拖延的习惯，增强进取心。

在2003年全美石油工业首脑峰会之后，俄亥俄州石油公司的总裁拉菲尔先生讲了这样的一个小故事——

安东尼是一个部门主管，每天醒来就一头扎进工作堆里，忙得焦头烂额，寝食不安，整个人都快要崩溃了。于是，安东尼去请教一位成功的公司经理。

来到这位公司经理的办公室之前，安东尼看见他正在接听一个电话。听得出来，和他通话的是他的一个下属，而这位经理很快就给对方做出了工作指示。刚放下电话，他又迅速签署了一份秘书送进来的文件。接着又是电话询问，又是下属请示，公司经理都马上给予了答复。

半个小时过去了，再也没有他人来"打扰"了，于是这位公司经理转过头来问安东尼有什么事情。安东尼站起身来说："本来是想请教您，身为一个全球知名公司的部门经理，您是如何处理好那么多的工作的，但现在不用了，我已经通过您的行动给了我一个明确的答

案。我明白自己的毛病出在哪儿了，您是现在就把经手的问题解决掉，而我却无论遇到什么事，都先接下来，等一会儿再说，结果您的办公桌上空空如也，我办公桌上的文件却堆积如山。"

相信每一个看过这个故事的人都会从中得到一些启示：一个人、一个团队，能否在自己的事业生涯中取得成功，秘诀就在于，从现在开始不要把事务拖延到一起去集中处理，而是行动起来，立刻去做好正在经手的每一件事。

当然，做好现在的每一件事就是管理好时间的一个充分体现，我们只要把时间掌握好，不再为自己的行动去寻找借口，无故拖延，我们就会做得更好，更出色。

托马斯·爱迪生先生曾经说过："世界上最重要的东西就是时间，拖延时间就是浪费生命。"

当然，每个人都知道时间的宝贵，但是真正懂得珍惜时间、利用时间的人却为数不多。大凡成功的人，都有一颗进取心，都懂得不拖延，不找借口，珍惜时间，即使行动，做好每一件事，所以他们才能做事效率高，才能赢得众人的认可，收获成功。

我们如果想要有所成就，就要保持一颗进取心，做好时间的领路人。

◎ 化自卑为动力

自卑感是与生俱来的，是无条件产生的，不过，对于具体的个人，自卑的形成则是有条件的。也就是说，自卑感也是在一定因素的促使下产生的。

首先，从环境角度看。

个体对自己的认识往往与外部环境对他的态度和评价紧密相关。这点早已成为心理学理论所证实。例如，某人的音乐很不错，但如果所有他能接触到的音乐家和音乐老师，都一致对他的作品给予否定性的评价，那就极有可能导致他对自己的音乐能力的怀疑，从而产生自卑感，以至于以后都不敢触碰音乐。

著名的奥地利心理学家阿德勒自己就有过这样的体会：

他念书时有好几年数学成绩不好，教师和同学的消极反馈，强化了他数学能力低的印象。直到有一天，他出乎意料地发现自己会做一道难倒老师的题目，才成功地改变了对自己数学低能的认识。

可见，环境对人的自卑产生不可忽视的影响。某些低能甚至有生理、心理缺陷的人，在积极鼓励、扶持宽容气氛中，也能建立起自信，发挥出最大的潜能。

其次，从个体角度看。

自卑的形成虽与环境因素有关，但其最终形成还受到个体的生理

逆境生长，成就人生

状况、能力、性格、价值取向、思维方式及生活经历等个人，尤其是童年经历的影响。

在这个世界上，大凡优秀人物、强者都与自卑毫无关系，但问题是，还没有一个人会在生理、心理、知识、能力乃至生活的各个方面都是优秀者、强者。从这个角度来看，我们就会自然而然地发现，天下没有不自卑的人，只是人们自卑的表现形式与程度不同罢了。

史泰龙是无人不知，无人不晓的，但是很少有人知道，他的父亲是一个赌徒，母亲是一个酒鬼。父亲赌输了，就打老婆和他；母亲喝醉了也拿他出气发泄。他就是在这样一个拳脚交加的暴力家庭中长大，常常是鼻青脸肿，皮开肉绽。因此，他学习成绩差，长相也令人难以苟同。最终，他在高中的时候选择了缀学，开始在街头当混混。

直到他20岁的时候，一件偶然的事刺激了他，他如梦初醒，开始反思："不能，我不能这样做。如果这样下去，和自己的父母岂不是一样吗？不行，我一定要成功！"

从此时开始，史泰龙下定决心，要走一条与父母迥然不同的路，活出个人样来。

但是，一个难题摆在了面前：做什么呢？他长时间思索着。从政的可能性几乎为零；进大企业去发展，自己的学历和文凭是目前不可逾越的高山；经商又没有本钱，那么还能做什么呢？

他想到了当演员——当演员不需要过去的清名，不需要文凭，更不需要本钱，而一旦成功，却可以名利双收。但是他显然不具备演员的条件，长相就很难使人有信心，又没有接受过任何专业训练，没有

经验，也无"天赋"的迹象。

然而，在他的内心深处，"一定要成功"的驱动力促使他相信这是他今生今世惟一出头的机会，最后的成功可能。他不断告诉自己：决不放弃，一定要成功！

于是，史泰龙来到好莱坞，找明星，找导演，找制片……找一切可能使他成为演员的人，四处哀求："给我一次机会吧，我要当演员，我一定能成功！"

他一次又一次被拒绝了。

但他并不气馁，每被拒绝一次，就认真反省、检讨、学习一次。一定要成功，痴心不改，又去找人……

很不幸，一晃两年过去了，他所有的钱都花光了，便在好莱坞打工，做些粗重的零活。两年来他遭受到1000多次拒绝。有时候，史泰龙暗自垂泪，痛哭失声。他看着天空慨叹道："难道真的没有希望了吗，难道赌徒、酒鬼的儿子就只能作赌徒、酒鬼吗？不行，我一定要成功！"

既然不能直接成功，能否换一个方法。他想出了一个"迂回前进"的思路：先写剧本，待剧本被导演看中后，再要求当演员。

因为这时的他已经不是刚来时的门外汉了。两年多的耳濡目染，再加上每一次拒绝对他来说都是一次口传心授，一次学习，一次进步。因此，他已经具备了写电影剧本的基础知识。

一年后，剧本写出来了，史泰龙遍访各位导演，说："这个剧本怎么样，让我当男主角？"普遍的反映都是，剧本还可以，但让他当

男主角，简直是天大的玩笑。他又一次被拒绝了。无论面对什么样的拒绝，他依旧不断地对自己说："我一定要成功，也许下一次就行，再下一次，再下一次……"

在不断遭遇拒绝但是依旧没有放弃的一天，一个曾拒绝过他20多次的导演最终被他的精神所感动，答应给他一次机会。为了这一刻，史泰龙已经做了3年多的准备，终于可以一试身手。机会来之不易，他不敢有丝毫懈怠，全身心投入。

最终，出现了一个令所有人都感到吃惊的结果，他的第一集电视剧创下了当时全美最高收视纪录——他成功了！

史泰龙的成功说明，坚定的信心和不屈不挠的奋斗精神是成功的必要条件。正是自信，促使他勇于面对一次次拒绝，正是自信，促使他改变方式，走向成功！

虽然正确认识自我的结果很可能是不完美、有众多缺陷的"自我"，但是，面对自我的本来面目，能否勇敢地接受现实、接受自我，是一个人心理是否健康、成熟，能否超越自我、突破自我的关键因素。我们只有做到这一点，才能活出自我的本来色彩。

我们常常可以发现这样一种人，由于他对自身的某方面不满意，他拒绝认识自己，不承认或不接受自己的真正面目，而要装扮出另外一个形象来。比如，有人不愿意承认自己穷困而恣意挥霍，装成很富有的样子；有人不愿意承认自己能力的限度，盲目地去从事力所不及的工作；有人出身贫贱，却极力要挤入权贵的行列。这些人把真正的自我藏掩在伪装之中，希望在别人眼中建立另外一个形象，他们缺乏

接受自我的勇气，不能悦纳自己。不能悦纳自己的人，或者离群索居不和别人交往，或者自责自弃不思进取，或者对别人采取不友好的敌对态度。

具有健康心理的人是敢于正视自己的特点，接受自我的。他们接受自己，爱惜自己，他们并不对自己的本性感到厌烦与羞愧，他们对自己并不加以掩饰，他们不无骄傲地接受自己，也接受别人，因为他们知道，自己与他人都是各有长短的极自然的人。他们从不抱怨，既能在人生旅途中拼搏，积极生活，也能在大自然中轻松地享受。

严重的自卑感扼杀一个人的聪明才智，还可以形成恶性循环：由于自卑感严重，不敢干或者干起来缩手缩脚、没有魄力，这样就显得无所作为或作为不大；旁人会因此说你无能，旁人的议论又会加重你的自卑感。因此，必须一开始就打断它，丢掉自卑感，大胆干起来。只有勇敢地接受自我，才能突破自我，走上自我发展之路。

逆境生长，成就人生

◎ 自卑是成功的绊脚石

对于自卑感，拿破仑讲述了三个孩子初次到动物园的故事：

"当他们（三个孩子）站在狮子笼前面时，一个孩子躲到母亲的背后全身发抖地说道：'我要回家。'第二个孩子站在原地，脸色苍白地用颤抖的声音说道：'我一点也不怕。'第三个孩子目不转睛地盯着狮子，问他妈妈：'我能不能向它吐口水？'事实上，这三个孩子都已经认识到自己所处的环境，但是每个人都依照自己的生活方式，用自己的方法表现出他们各自的感觉。"自卑感展现在哪一方面，表现为何种程度，是因人而异的，无论人们是否意识到，实际上都存在自卑。

费洛伊德认为，人的童年经历虽然会随着时光流逝而逐渐淡忘，甚至在意识层中消失，但仍将顽固地保存于潜意识中，对人的一生产生持久的影响力。所以，童年经历不幸的人更易于产生自卑。我们有过这样的体验：孩提时，总觉得父母比我们大，而自己是最小的，要依靠父母，仰赖父母；另一方面，父母也会强化这种感觉，令我们不知不觉地产生了"我们是弱小的"这种感觉，从而产生了自卑。

自卑是成功的绊脚石，人如果自卑就不会有奋斗的勇气和拼搏的斗志。拿破仑·希尔认为一般情况下，人们自卑感的表现形式和行为模式大致有如下几种：

1. 否认现实型

这种行为模式是自己不想看到，也不愿意思考自卑情绪产生的根源，而采取行为来摆脱自卑。如借酒消愁，以求得精神的暂时解脱等方法。

2. 随波逐流型

由于自卑而丧失信心，因此竭尽全力使自己和他人保持一致，唯恐有与众不同之处，害怕表明自己的观点，放弃自己的见解和念头，努力寻求他人的认可，始终表现出一种随大流的状态。

3. 孤僻怯懦型

由于深感自己处处不如别人，"谨小慎微"成了这类人的座右铭。他们像蜗牛一样潜藏在"贝壳"里，不参与任何竞争，不肯冒半点风险。即使遭到侵犯也听之任之，逆来顺受、随遇而安，或在绝望中过着离群索居的生活。

4. 咄咄逼人型

当一个人的自卑感强烈的时候，采用屈从怯懦的方式不能减轻其自卑之苦，则转为好争好斗方式：脾气暴躁，动辄发怒，即使为一件微不足道的小事，也会寻求各种借口挑衅闹事。

5. 滑稽幽默型

扮演滑稽幽默的角色，用笑声来掩饰自己内心的自卑，这也是常见的一种自卑的表现形式。美国著名的喜剧演员费丽丝·蒂勒相貌丑陋，她为此而羞怯、自卑，于是运用笑声，尤其是开怀大笑，以掩饰内心的自卑。

上述各种自卑心理的表现形式，都是对自卑的消极适应方法，也称自卑的消极"自我防卫"。

心理学家实验证实，消极的自我防卫会使精力大量消耗在逃避困难和挫折的威胁上，因而往往难以用于"创造性的适应"，使自己有所作为。这是自卑的消极方面。

自我们出生到死亡，我们的心灵与肉体，便一直相互矛盾、相互统一。

每个人都有自己的生活环境，因此，人与人之间在心灵上有着巨大的差异。有缺陷的人，在心灵的发展上会遇到很多障碍，这个障碍要多余其他人。这样的人的心灵也较难影响、指使和命令他们的肉体趋向优越的地位。他们需要花费更多的精力，才能获得相同的目标。由于他们心灵负荷重，会变得以自我为中心，只顾自己。结果，这些人的社会感觉和合作能力就比其他人差。

人类的弱点让人举步维艰，但这绝非意味着自卑的人无法摆脱厄运，无法拯救自我。如果心灵主动运用其能力克服困难，可能会和正常人一样获得成功。事实也证明，有弱点的人，虽然遭受许多困扰，却常常要比那些身体正常的人有更多的成就。身体阻碍往往能促使一些人前进。当然，只有那些决心要对群体有所贡献而兴趣又不集中于自己身上的人，才能成功地学会补偿。

在这个世界上，没有人愿意长期忍受自卑感，一定会使人采取某种行为，解除自己的紧张状态。但是，如果一个人已经认为自己的努力不可能改变所处的环境，变得消极气馁，但是又仍然无法忍受他

的自卑感，那他依旧会设法摆脱它们，但是结果可能是他无法取得任何进步，但是他会为此采取行动。他的目标虽然还是"凌驾于困难之上"，可他却不再克服障碍，而是用一种来自我陶醉，麻木自己的优越感。

无论是伟人，还是平常人，都会在某一方面表现出优势，再在另一些方面表现出劣势，也会或多或少地遭受挫折，或得到外界环境的消极反馈。但是值得注意的是，并非所有劣势和挫折都会给人带来沉重的心理压力，导致自卑。成功者能克服自卑，超越自卑，其重要原因是他们能运用调控方法提高心理承受力，使之在心理上阻断消极因素的交互作用。

有一条路，人人都可以走——从自卑到自信，从失败到成功之路。只要你相信自己并愿意改变自己，那么，就能走上一条成功大道。所以，多给自己一点信心，有自信的人才能成功。

◎ 走出自卑的情结空间

一个人自卑或是自信，对他的成败会有十分重要的影响。不要怀疑这种说法，下面这个故事就可以向你证明这一点。

尼克松是我们极为熟悉的美国总统，大家都知道他是因水门事件而被弹劾下台，却不知道导致他失败的更深层的原因是缺乏自信。没错，尼克松就是因为不自信，轻视自己，才毁了自己的远大前程。

1972年，尼克松竞选连任。由于他在第一任期内政绩斐然，所以大多数政治评论家都预测尼克松将以绝对优势获得胜利。

然而，尼克松本人却很不自信，他走不出过去几次失败的心理阴影，极度担心再次出现失败。在这种潜意识的驱使下，他鬼使神差地干出了后悔终生的蠢事。他指派手下潜入竞选对手总部的水门饭店，在对手的办公室里安装了窃听器。事发之后，他又连连阻止调查，推卸责任，在选举胜利后不久便被迫辞职，本来稳操胜券的尼克松，因缺乏自信而导致惨败。

由此，我们看到了自卑与自信对一个人的影响。因此，我们必须学会战胜自卑感，充满信心地面对你的生活。

自卑感有使人前进的反弹力。由于自卑，人们会清楚甚至过分意识到自己的不足，这就促使你努力纠正或者以别的成就来弥补这些不足。这些经历将使人的性格受到磨炼，而坚强的性格正是获取成功的

心理基础。

　　纵使我们都知道这些道理，但是很多时候，很多人在自卑面前还是显得束手无策。其实，造成自卑感的情境不变，问题就会依然存在，自卑感会越积越多，行动会逐渐将他自己导入自欺之中，这便是"自卑情结"，即当个体面对一个他无法适当应付的问题时，当他表示他绝对无法解决这个问题时，此时出现的便是"自卑情结"。如果别人告诉他正在蒙受自卑情结之害，而不是让他知道如何克服，他只会加深自卑感。应该是找出他在生活中表现出的气馁之处，在他缺少勇气处鼓励他。

　　由于自卑感造成紧张，所以争取优越的补偿作用必然会同时出现。补偿作用的目的不在于解决问题，争取优越的补偿作用总是希望现实生活有所改变，真正的问题却被遮掩，是在避免失败而不是在追求成功，在困难面前表现出犹疑、彷徨，甚至是退却的举动。也就会说，自卑是很可怕的。所以，一个人的真正价值，首先取决于能否从自我的陷阱中超越出来，而真正能够解救你的这个人——就是你自己。

　　其实，自卑感是人类地位之所以增进的原因。自卑感肇始于人的懦弱和无能，由于每个人都曾是人类中最弱小的，加之缺少合作，只有完全听凭其环境的宰割，所以，假使未曾学会合作，他必然会走向悲观之途，导致自卑情绪。

　　对最会合作的人而言，生活也会不断向他提出尚待解决的问题，没有谁会发现自己所处的地位已接受完全控制其环境的最终目标，谁

也不会满足于自己的成就而止步不前。

每个人都有自己的优越感目标，它是属于个人独有的，取决于他赋予生活的意义。这种意义不只是口头上说说而已，而是建立在他的生活风格之中。优越感的目标如同生活的意义一样是在摸索中定下来的。

对于一个健康的人来说，当他的努力受阻于某一特定的方向时，他会另外寻找新的门路。因此，对优越的追求是极具弹性的。有关学者指出，特别强烈的对优越的追求使人变得极其自尊，这些人毫不掩饰地表现出他的优越追求。"他们会断言：'我是拿破仑'，'我是中国的皇帝'，希望自己成为世界注意的中心。"也就说，优越感的目标一旦被个体化以后，个体就会节减或限制其潜能，以适应他的目标，争取优越感的最佳理想。

事实上，若要帮助这些用错误方法追求优越的人，首先是让他们知道，人对于行为、理想、目标和性等各种要求，都应以合作为基础，要面对真正的生活，重新肯定自己的力量。

世界上有许多成功名人，在童年时代，或者是在学校中，几乎都曾是屈居人后的孩子，后来恢复了勇气和信心，取得了伟大的成就。这些事实充分说明，能够妨碍事业成功的，不是遗传，而是对失败的畏惧，是自我的气馁和自卑情绪。

因而，如果你想成功，你想出人头地，你想改变现在的生活，那么你就要搬开自卑这块绊脚石，全力以赴向着自己的目标奋勇前行。

第五章 战胜自己

◎ 战胜自卑

一位心理学家曾经说过："天下无人不自卑。无论圣人贤人，富豪王者，抑或贫农寒士，贩夫走卒，在孩提时代的潜意识里，都是充满自卑感的。"自卑感是无形的敌人，它所造成的危害及丧失信心、自我意识过强、不安、恐惧等种种并发症，都会为你事业带来不必要的困扰，甚至会阻碍你的成长。但你若想成就大事，就必须战胜自卑感。

一般情况下，成功者所运用的战胜自卑的调控方法有以下几种：

1. 补偿法，即通过努力奋斗，以某一方面的突出成就来补偿生理上的缺陷或心理上的自卑感受。

2. 领悟法，也叫心理分析法，一般要由心理医生帮助实施。其具体方法是通过自由联想和对早期经历的回忆，分析找出导致自卑心态的根本原因，使自卑症结经过心理分析返回意识层，让求助者领悟到：有自卑感并不意味着自己的实际情况很糟，而是潜藏于意识深处的症结使然，让过去的阴影来影响今天的心理状态，是没有道理的。从而使人有"顿悟"之感，从自卑的情绪中摆脱出来。

3. 转移法，即将注意力转移到自己感兴趣、也最有能力做的事情上，可通过致力于书法、绘画、写作、制作、收藏活动，从而淡化和缩小弱项在心理上的自卑阴影，缓解心理的压力和紧张。

4. 认知法，就是通过全面、辩证的观点看待自身情况和外部评价，认识到人不是神，既不可能十全十美，也不会全知全能。人的价值追求，主要体现在通过自身智力，努力达到力所能及的目标，而不是片面地追求完美无缺。对自己的弱项或挫折，持理智的态度，既不自欺欺人，也不将之视为天塌地陷的事情，而是以积极的方式应对现实，这样便会有效地消除自卑。

5. 作业法，如果自卑感已经产生，自信心正在丧失，可采用作业法。先寻找几件比较容易完成的事情去做，成功后便会收获一份喜悦，然后再找到另一个目标。在一个时期内尽量避免承受失败的挫折，以后随着自信心的提高逐步再向较难、意义较大的目标努力，通过不断取得成功，使自信心得以恢复和巩固。

一个人自信心的丧失，往往是在持续失败的挫折下产生的，自信心的恢复和自卑感的消除也得以一连串小小的成功开始，每一次成功都是对自信心的强化。自信恢复一分，自卑的消极感就将减少一分。

其实，自卑是自找的！

有个女孩儿因为自己耳朵的一个小眼儿非常自卑，于是便去找心理医生咨询。医生问她眼儿有多大，别人能看出来吗？她说她梳着长发，把耳朵盖上了，眼儿也只是个小眼儿，能穿过耳环，不过不在戴耳环的位置上。

医生又问她："有什么要紧吗？"

"哦，我比别人少了块肉呀，我为此特别苦恼和自卑！"

现实生活中像她这样的人实在是太多了，这种人诉说他们因为

某种缺陷或短处而特别自卑。把这些缺陷或短处集中起来，几乎无所不包：什么胖啦、矮啦、皮肤黑啦、汗毛重啦，什么嘴巴大，眼睛小、头发黄、胳膊细啦，什么脸上长了青春痘、说话有口音、不会吃西餐、家里没有钱啦，统统都是自卑的理由，而"耳朵上的一个小眼儿"大概是其中之一了。

在现实生活中，我们其实都被包围在自卑的阴影下，自己瞧自己不顺眼，自己总觉得自己矮人一头。当然这"不顺眼"、"矮一头"都是以别人为参照物的："我皮肤黑"，黑是和皮肤白的人相比的；"我个矮"，矮是相对于高而言的；"我眼睛小"，世界上有许多大眼睛的人，才衬托出了"小"。这些和别人不一样的地方！实实在在摆在那里，让你藏不了、躲不了、否定不了，于是你有了自卑的理由。你对自己又恨又怜，于是耗费大量的心理能量和时间精力，企图去改变那些和别人不一样的地方，但却常常成效甚微。

有自卑感就是意识到自身存在着的弱点，并且心理上也惧怕这种弱点，然后又沉浸在这些弱点中而无法自拔，最后只好寻找另外的方面来补偿自己的这种痛苦感，最终这种强烈的自卑感，反而促使人们在其他方面超常的发展，这就是心理上的"代偿作用"，即是通过补偿的方式扬长避短，把自卑感转化为自强不息的推动力量。

比如，耳聋的贝多芬，成为了划时代的"乐圣"；少年坎坷的霍东，没有实现慈爱的母亲的期望——成为一代学者，但不是读书材料的他，后来却在商界大展宏图。许多人都是在这种补偿的奋斗中成为出众的人的。所以说，在通往成功的道路上，我们完全不必为"自

卑"而彷徨，只要把握好自己，我们就有可能取得成功。

自卑的人本身其实并不是他所认为的那么糟糕，而是自己没有面对艰难生活的勇气，不能与强大的外力相抗衡，致使自己在痛苦的陷阱中挣扎。所有在生活中说自己为某事而自卑的人们，都认为自卑不是好东西：他们渴望着把"自卑"像一棵腐烂的枯草一样从内心深处拔出来，扔得远远的，从此挺胸抬头，脸上闪烁着自信的微笑。

新东方教育集团的创始人俞敏洪，同样是曾经深感自卑的一个人，他三次考北大三次落榜，几次出国都被拒签，连爱情都与他无缘，从他的回忆中可以感觉到他曾经是极度自卑的。所以，他发出了呐喊："在绝望中寻找希望，人生终将辉煌。"但是他的自卑成就了新东方，成就了如今统领整个英语培训行业的领军人物。

当我们把目光从自卑的人身上转到那些自信的人身上时，便会有新的发现：上帝并不是对他们宠爱有加，让他们全都完美无瑕。拿破仑的矮小、林肯的丑陋、罗斯福的瘫痪、邱吉尔的臃肿，等等，哪一条不令人痛不欲生？身材不好、皮肤黝黑、相貌不佳等与他们的遭遇相比是多么微不足道！可他们却拥有辉煌无比的一生！

也许你会说，天底下能做到那样的都是伟人，他们就是比我们普通人要强很多。那么我们就看一下周围的同事、朋友，你可以毫不费力地就在他们身上找出种种缺陷，可你看他们照样活得坦然自在。

因为自信，我们可以无限坚强；因为自信，我们忘却自己是怎样一个现状；因为自信，我们可以忽略缺陷，活出一个完美的自我，让生命熠熠发光。

◎ 自卑只能封锁自己

如果我们的生命中只剩下一个柠檬了。

自卑的人说："我垮了，我连一点机会都没有了。"然后，他就开始诅咒这个世界，让自己沉浸在可怜之中。

自信的人说："从这个不幸的事件中，我可以学到什么呢？我怎么样才能改善我的情况，怎么样才能把这个柠檬做成柠檬水，让我可以获得更多的水呢？"

面对同样的事物，自卑的人总是无心无力做一件有挑战性的事情，他们常用的借口是："我没有那个能力！"这种人始终无法摆脱自卑的"纠缠"，也根本无法实现自己的目标。而欲成就一番事业，首先要做的一项工作就是拒绝与自卑纠缠。

要克服自卑，就要记住这条规则：完全坦诚。因为没有人要做伪君子，也从来没有人愿意收假钞票。要使他人喜欢自己，首先你要喜欢他人。这种喜欢必须是真诚的、发自内心的，决不能另有所图。但是，并不是每个人都能做到这一点，做到这一点的人都深知其中的艰难。

总有一些人感到喜欢别人比较难，但是只要我们学着真诚地喜爱别人，对别人产生好感，一切就会越来越容易。嘴上去说"我喜欢别人"是没用的，因为说起来容易做起来难。"喜欢别人"是一种生活

方式，也是一种行之有索的思想模式。能够做到无条件地喜欢别人，便是一种积极的心态。

所以，在日常生活中，我们应摒弃消极心态，而是以一种积极的心态对待别人。

有许多人不知道如何倾听别人的谈话。倾听的艺术是受人喜欢的秘诀之一，当别人有事来找我们时，我们常常说的太多。我们总是提出太多的建议，其实大多数时候我们最需要的是沉默、耐心、宽容和爱护。受尊敬和受人欢迎的人拥有一种特质，他们懂得如何使别人接受自己。谁做到这一点，谁就能获得别人的喜爱。所以，过分以自己为中心的人往往不快乐。

有一位身高1.68米的著名演说家，虽然他和一般男士比身材稍微矮了一点，但是周围的人并不以为然，因为身材矮小的人有很多。可是他却不放过自己，非常在意这一点。

由于他整天觉得自己比别人矮，外在形象不好看，所以，他从不与别人一起照相，也不参与社会活动。他变得愈来愈孤僻、封闭，与身边的人很少往来。

一次，他在一本书里读到了一个艺术家的故事。这是一个性格刚毅的艺术家，他常给那些有心理障碍或面临困难的人出主意。他认为要坚信这一原则：想象自己是伟人，祈祷自己是伟人，相信自己是伟人，做事像伟人，那你便会成为一个伟人。

演说家被这个故事深深感动了，他开始用一种正确的心态接受自己，现在他不再过分在意自己的身高。

后来他说："一个人不要太在意自己的身高，身材高矮并不重要，一个人是否有智慧和勇气，那才是最重要的。"

以前，别人都高于他，看他时需低着头，但现在，即使是身材高大的人，也不得不从内心里尊敬他。他的成功秘诀是学会了接受自己，也接受了自己的身高，并在这一过程中发现自己是一个真正的男人，是一个真正成功的人。

自卑是普遍存在的一种消极情绪，而自卑情绪是在与人相比较下产生的。当一个人刻意地与人比较时，如果学历、能力、身高、发育、长相、性格、意志、财富等不如别人，就会滋生自卑感。但是，我们都知道，自卑是取得成功的最大障碍，切勿让自卑封锁自己的内心，被成功拒之于门外。所以，我们必须消除自卑，不要让自卑封闭了自己，看不到真实的自己，永远也无法实现自我的价值。

战胜自卑的方法有很多，下面为大家介绍以下几种最有效的方法：

1. 增强自信

自信是消除自卑的最好方法，因为自信能使自己不断地发现自己各方面的优点，从而满怀信心地去拼搏，使自己获得更多的成功。

2. 正视自卑

有自卑感的人往往不敢正视自己的自卑，从而也就没有战胜自卑的意识。西方有句谚语"用剑之奥秘，在于眼"。意思是正视它，才能运用自如。

3. 置身于大众中

自卑者肯定都会有孤独的感觉，如果主动地参加一些群众活动，

可以开阔视野，对逐步克服自卑情绪是有好处的。

4. 善于补偿

每个人都各有自己的优点和弱势，要全面正确地评价自己。自卑情绪在某些时候可以转化为巨大的动力。阿特勒自幼驼背、行动不便，处处比不上哥哥，从小就有严重的自卑感。五岁时患了一场几乎丧命的重病，从此以后，他决心学医，他的生活目标是克服死亡的恐惧，后来终于成为著名的心理学家。

在通向成功的人生道路上，自卑虽然是一个严重的心理缺陷，但如果能战胜这个心理缺陷，肯定会开创出一片更精彩的天地。从这种意义上来说，自卑也是一种动力。

在称岛铁路的停车场上，有一个47岁的大力士能够推动一个72吨重的钢车，他的名字叫安古罗·西昔连诺。西昔连诺在纽约市布洛克林的贫民窟中长大，父母是从意大利来的移民。在他16岁时，是个体重97磅的小矮子，面色苍白，胆小如鼠，常常受人欺负。

一天，他和几个孩子一同到博物馆去参观，突然被两尊塑像吸引住了，导游告诉他，这是以年轻的希腊运动健儿为模特儿雕塑的。当天晚上，他开始锻炼身体，下决心要像希腊运动健儿一样健美。人们都嘲笑他不自量力，但他从来不被人们的言论所左右，而是持之以恒，从不中断。有一次，一个孩子向他发起进攻，很容易地把他推倒了。可是西昔连诺并不气馁，还是坚持苦练。

后来，他自己发明了一套健身术，使他身上的一块肌肉和另一块肌肉对抗。果然不错，他浑身的肌肉逐渐发达，成为全球肌肉最健美

的人。人们不再嘲笑他，而是把他称为大力士，有很多著名的雕像家也请他来当模特儿。

所以说，一个人有缺点是很正常的，但一定要意识到自己的缺点，不能因缺点而产生自卑感，而应该设法补偿自己的缺陷，从而获得成就。

这正如中国著名文学翻译家傅雷先生在罗曼·罗兰《贝多芬传》的译者序中写的一样："唯有真实的苦难，才能驱除罗曼蒂克幻想的苦难；唯有看到克服苦难的壮烈的悲剧，才能够帮助我们承担残酷的命运；不经过战斗的舍弃是虚伪的，不经劫难磨炼的超脱是轻佻的，逃避现实的明哲是卑怯的；中庸，苟且，小智小慧，是我们的致命伤。"

逆境生长，成就人生

第六章
培养积极的心态

　　没有绝对的成功，更没有恒久的失败。挫折便是其分水岭。在挫折面前，抱着积极的心态，激发心底的力量，就能有勇气去面对一切困难，但是如果心态消极，则会彻底沦陷。所以，请记住：要时刻培养自己积极乐观的心态，在人生巅峰的时候，享受成就；在人生低谷的时候，享受人生。

◎ 心态决定命运

积极的心态是一种看不见的法宝，会在人的一生中产生惊人的力量：它能让你获得财富，拥有幸福，健康长寿；可以使你达到事业的顶峰，尽享人生的快乐与美好，体会幸福和成功。

一个年轻的销售员有了一些销售经验之后，就给自己定下了一个特殊的目标——获奖。这对于一个刚刚有点销售经验的人来说，是一件比较困难的事情，因为要想做到这一点，他至少要在一周内成功销售100次。

从星期一开始，他就马不停蹄，四处奔波，终于，到了星期五的晚上，他已经成功地销售了80次，但是，离要求还差20次。为了实现自己的目标，这位年轻人痛下决心：什么也不能阻止他达到目标。于是，他没像其他销售人员一样，趁着周末好好休息一下，而是在星期六的早晨又回到了工作岗位。

但是，星期六这一天他并不顺利，直到下午3点钟，他还没有做成一次买卖。他知道：交易可能发生在销售员的态度上——不在销售员的希望上。

这时，他记起了他的自励警句——我觉得健康！我觉得愉快！我觉得大有作为！而且还热情满满地重复了五次。

大约在那天下午5点钟，他作了3次交易。这距他的目标只差了17

次了。

此时，一句话萦绕在他的脑海中：成功是由那些肯努力的人所取得的，并为那些积极而不断努力的人所保持的。

他又热情地再重复几次：我觉得健康！我觉得愉快！我觉得大有作为！

那天夜里11点时，他太累了，疲倦了，但他是愉快的，因为他做成了20次交易！他达到了他的目标，赢得了奖品。

这个销售人员的故事告诉我们一个道理，保持乐观进取的态度，是激发潜能、取得成功的关键。

一般来说，人们对于一件事的好坏的评判标准，主要是取决于个人的习惯、心态和看问题的角度。"好事"也可以说是"坏事"，"幸事"也可以说是"倒霉事"。你对现实抱有什么样的观念，就会给你的思想方法和行为举止涂上什么色彩。

积极心态，是一种对任何人、情况或环境所持的正确、诚恳而且具有建设性，同时也不违背人类权利的思想、行为和反应。在积极心态的影响下，你能扩展你的希望，并克服所有消极心态。它给你实现你欲望的精神力量、感情和信心，积极心态是当你面对任何挑战时应该具备的"我能……而且我会……"的心态。

如果你认准了什么事都很糟，你就有可能不知不觉地给自己造成不愉快的环境。一旦你觉得厄运即将临头，你就会做出一些起消极作用的事，使你的预言真的应验。所以说，积极心态是迈向成功的不可或缺的要素，是成功理论中最重要的一项原则，你可将这一原则运用

在你的生活和工作上，它将会给你带来意想不到的收获。

也许一个被消极心态困扰的人嘴中可能时常念叨成功，但就是不能成功，因为他们不愿付诸行动，也不知怎么行动，他们没有目标。因为消极的心态深藏在他们的潜意识里，这直接影响了他们的成功，虽然他们想去克服，但又下不了决心去克服，于是他们的生命里就永远不由自主地呈现这种状态。

我们知道，一个人如果抱着消极的心态面对生活，必定会比拥有积极心态的人遭到更多的失败。他们情绪沮丧、步履缓慢、两眼无神、悲观失望。他们往往具有这样的特征：愤世嫉俗，认为人性丑恶，与人不和；没有目标，缺乏动力，不思进取；缺乏恒心，经常为自己寻找借口和合理化的理由逃避工作；心存侥幸，不愿付出；固执已见，不能宽容人；自卑懦弱，无所事事；自高自大，清高虚荣，不守信用，等等。

抱有消极心态的人，对自己也有一个消极的自我评价。他们往往会这样想："我在家我是最小的，在班上我还是最小的。""我原来就有粗心大意的毛病。""我的责任心一直不强。""我的感情总是这么脆弱。""我的身高在全球几乎是最小的。""我的英语成绩在小学时候就不好。""我就是不擅长体育活动。""我做事老是过于谨慎。""我太胖了，一点儿魅力都没有。"虽然这些都只是小事，而且评价也只有很小的力度，然而这些评价加起来往往会影响一个人的做事方式，最终导致选择人生道路的不同。

这些消极的自我评价的一个共同特征就是总觉得自己在某一方面

不如别人。我们知道，每个人总是以他人为镜来认识自己和进行自我评价的。对于涉世未深的青年学生，来自他人的评价显得尤为重要。如果他人，特别是较有权威的人，如父母、老师或自己所敬佩的人对自己作了较低的评价，就会影响自己对自己的认识，使自己也低估自己。

消极的自我评价会使人产生自卑感，心理学家的研究发现性格较内向的人，往往愿意接受别人的低评价，而对外界的高评价则易持怀疑态度。他们在将自己与他人进行比较后；也多半自觉不自觉地拿自己的短处与他人的长处相比，结果当然是越比越觉得自己不如别人，越比越泄气，越比自我评价越消极，自卑感便油然而生。心理学家尚未研究的问题是：有些性格并不内向的人，由于消极的自我评价也会逐渐变得内向起来。

没有人不希望自己可以永久处于欢乐和幸福之中。然而，生活是错综复杂、千变万化的，并且经常发生祸不单行的事。频繁而持久地处于扫兴、生气、苦闷和悲哀之中的人，健康必然会受到影响，甚至减损寿命。当然我们是有办法解决这些困惑的，当我们遇到不开心的事情，心怀不快时，不妨采取以下策略：

策略一：转移思路。

当扫兴、生气、苦闷和悲哀的事情临头时，可暂时回避一下，努力把不快的思路转移到高兴的思路上去。例如，换一个房间、换一个聊天对象、有意去干一桩活、去串门会一个朋友或有意上街去看热闹等。"难得糊涂"是用在对待这类既烦恼却又无关紧要的琐事时，是

逆境生长，成就人生

改善心情再恰当不过的好办法。

策略二：多舍少求。

俗话说："知足常乐。"不抱怨自己吃亏的人，的确很难愉快起来。多奉献少索取的人，总是心胸坦荡、笑口常开。整天与别人计较工资、奖金、提成、隐性收入的人心理怎么会平衡？只有听之任之，给多少也不在意的人心情才比较稳定。至于对别人能广施仁慈之心，包括当素不相识的路人遭遇困难时也能慷慨解囊、毫不吝啬的那些人也许很少出现烦心事。

策略三：向人倾述。

心情不快却闷着不说，会闷出病来，有了苦闷应学会倾诉。首先可以向朋友倾诉，这就需要先学会广交朋友。如果经常防范着别人的"侵害"而不交朋友，也就无愉快可谈。没有朋友的话，不仅遇到难事无人相助，也无法找到可一吐为快的对象。把心中的苦处能和盘倒给知心人并能得到安慰的人，心胸自然会像开了扇门。即使面对不很知心的人，学会把心中的委屈不软不硬地倾诉给他，也常能得到心境立即由阴转晴之效。

策略四：爱好执着。

人无爱好，生活单调，而且与那些有着一两种令人羡慕的爱好的人相比，心中往往平添几分嫉妒与焦躁。除少数执着追求自己本职事业者外，许多人能培养自己的业余爱好。集邮、打球、钓鱼、玩牌、跳舞等都能使业余生活丰富多彩。每遇到心情不快时，完全可全身心一头扎到自己的爱好之中。

策略五：求助医学。

对于长期心情不畅、无法自拔者，可进行心理治疗和药物治疗。长期心情不快可能由隐匿性抑郁症所引起，或由其他较轻微的障碍所引起，其共同特征是体内一种叫作血清素（5羟色胺）的神经特质减少，引起情绪低落，通过服用一些能升高体内血清素水平的抗抑郁药，也可改善低落的心境。

策略六：亲近宠物。

有意饲养猫、狗、鸟、鱼等小动物及有意栽植花、草、果、菜等，有时能起到排遣烦恼的作用。遇到不如意的事时，主动与小动物亲近，小动物凭与主人的感情，会逗主人欢乐。惹能与小动物交流几句，更能使不平静的心很快平静。摘摘枯黄的花叶，浇浇菜或坐在葡萄架下品尝水果，等等，许多很简单的生活小事，都可以有效地帮助我们调整不良情绪。

◎ 消除消极的心态

著名的美国政治家罗尔斯曾经在就职演说中说："信念值多少钱？信念是不值钱的，它有时甚至是一个善意的欺骗，然而你一旦坚持下去，它就会迅速升值。"

当然，罗尔斯在这里说的是积极的信念，而不是消极的信念。这是必须要指出的一点，因为大家千万别看消极心态，它会限制你的潜能，将你的生活、事业搅得一塌糊涂。消极心态就像一剂慢性毒药，吃了这付药的人会慢慢地变得意志消沉，失去任何动力，而成功就会离运用消极心态的人越来越远。不但如此，消极心态会使人看不到将来的希望，进而激发不出动力，甚至会摧毁人们的信心，使希望泯灭。

所以，人必须抱定积极的信念，向着自己的目标不断前进。

在人的一生中，有许多非常重要的学问值得学习，其中，如何面对挫折就是重要的一个。对于挫折，处理得好坏往往就决定了一生的命运。在挫折到来时，我们要记住安东尼·罗宾的这句话："面对人生逆境或困境时所持的心态，远比任何事都来得重要。"

有些人在经历了一些挫败后便开始消沉，认为不管做什么事都不会成功，这种消极的心态蔓延开来让他觉得无力、无望，甚至于无用。如果你要想克服消极心态，要想追求自己的优势，就千万不可有这样的心态，因为它会扼杀你的潜能，毁掉你克服生存危机的希望。

人如果没有积极的心态，坚定的信念，将很难做成事情。相反，如果面对挫折，却还能义无反顾，坚持做自己想做的事情，并最后取得成功，那么这样的人就是生活中的强者，是值得大家学习的人，就是我们生活的榜样。

有什么样的心态，就会有什么样的生活，也会有什么样的人生。比如下面这个故事：

有位太太请了个油漆匠到家里粉刷墙壁。

油漆匠一走进门，看到她的丈夫双目失明，顿时露出怜悯的眼光。可是男主人一向开朗乐观，所以油漆匠在那里工作的几天，他们谈得很投机，油漆匠也从未提起男主人的缺憾。

工作完毕，油漆匠取出账单，那位太太发现比谈妥的价钱打了一个很大的折扣。她问油漆匠："怎么少算这么多呢？"

他回答说："我跟你先生在一起觉得很快乐，他对人生的态度使我觉得自己的境况还不算最坏。所以，减去的那一部分就算我对他表示一点谢意，因为他使我不会把工作看得太苦！"

油漆匠对她丈夫的赞美使她流下了两行热泪，因为这位慷慨的油漆匠只有一只手！

心态是这个世界上最廉价的东西，任何人都可以不费吹灰之力就获得。但是，并不是所有人都懂得珍惜和利用它，很多时候，人们似乎无视它的存在。其实，这是不对的，只有善加利用它的人，才会成就自己的梦想。要知道，所有成功的人，最初都是从一个小小的心态开始的。心态就是所有奇迹的萌发点。

马丁·塞利格曼是宾州大学的教授。在他所著的那本《克服生存危机的乐观意识》一书中曾指出，有三种特别模式的心态会造成人们的无力感，最终便毁了自己的一生。这三种心态是永远长存、无所不在及问题在我。

当自己存在危机或处于危机状态时，你可曾怀疑过自己做某件事的能力吗？你是怎么想的？很可能是你自问了这样的问题："如果行不通怎么办"或"如果我做不来怎么办"。很明显，这个问题似乎有些沉重，如果你质疑自己的心态，就说明你对自己根本没有信心，即使曾经相信过，那也是在一种糊涂的状态下相信的。

事实上，大多数情况下，我们之所以克服消极的心态，是由于他人的帮助。只是我们当时没有好好探究，也就是所谓的"当局者迷"。如果我们重新去认识，就会发现，有些克服消极心态的信念，其实根本没有道理，而自己却稀里糊涂地相信了那么长时间。

如果你对任何事物不断提出问题，没多久就会开始对它产生怀疑，这包括那些你深信不疑的事物。我们克服消极心态的心态，按其相信的程度可分为几个等级，清楚知道它们的等级十分重要，给它们分成的等级是：游移的、肯定的以及强烈的。

也许今天你对某些事已有充分把握，可是别忘了，随着岁月的流逝，我们会面对新的环境，我们得有更有力的心态才行。别一味相信以往曾使你有把握的心态，当你拥有更多的依据后，这些心态便会改变。不过，今天你应该关心的是，目前所持有的心态是否能帮助你突破和成长，看看它们能带给你什么样的结果。

第六章 培养积极的心态

如何认识消极心态呢?

现在，请你放下手上的一切事情，给自己十分钟，彻底从脑子里翻出那些可以帮助你克服消极心态的心态，并且好好地想一想，不管这些克服自身消极心态的心态对你是有帮助的或是有妨碍的，要尽可能把它们都写下来，让自己看到。

对那些克服消极心态的人来说，最忌讳陶醉在自我满足的心态中，因为满足自我的心态是人生的死海症状。死海是个没有出口的海，因而成为一滩有毒的死水，并且正逐渐消亡。满足自我像死海一样，是一种以自我为中心的人生态度，终将妨碍我们发挥潜能。

克服消极心态的秘诀就在于对未来有把握，抱着不断突破的信念而拿出必要的行动，就一定能为自己及他人开创希望的人生。

逆境生长，成就人生

◎ 积极心态的力量

对于一个人来说，没有什么比心态更能决定一生的成败了。如果你培养了自己的积极心态，你就会发现，在世界上所有的人和事物中，对你来讲最最重要的人只有一个，那就是你自己。这是一种自信的心态，积极的心态，无往不胜、惟我独尊的王者心态。

华盛顿大学的心理学家席耶发现，在面对求职遭拒之类的挫折时，乐观者多半会拟订行动方案，寻求他人帮忙或忠告；悲观者遇到类似困境时，会认定事情已无挽回余地，或者大多会试着忘掉一切。而乐观者通常只有在真正无法挽救的情况下，才会出现这种态度。

积极的心态会帮你成就自己的梦想，而消极的心态只会让你在梦想面前止步。

宾州大学的赛利格曼博士说："克服消极心态之道，在于几许天分加上屡败屡战的精神。"两者互相结合即为乐观。赛利格曼博士还说，较实际情况更能掌握自己生命的人，所获成果会比那些自以为洞悉事理的悲观主义者好。

在下面的故事中，女主角的故事足以昭示你我：只要我们活着，就有希望。一个人突破人生局限之后，其前途是光明还是黑暗，就看他持有一种什么样的心态，就看他对未来的想法与计划。

自从胖了50磅以来，朗特丝每天要睡16到18小时。她精力空空，

已沮丧到不想起床的地步。就在这时，收音机里的一则广告引起了她的兴趣。由于朗特丝的治疗师说过她不可能好转，因此，实在很难相信，她会对健康俱乐部的广告感兴趣。更令人惊讶的是，她竟然摇摇晃晃地跑到那里一探究竟。这是她的第一步，也是她的故事得以继续的关键一步。

俱乐部推广人员及会员既友善又生气勃勃，他们显然很喜欢目前从事的工作。朗特丝顺利加入俱乐部，展开运动课程。经过一段时间，她的感觉及精神大幅度地转变，于是她说服俱乐部给她一份工作。

以前她在鞋店卖过鞋，成绩相当不错，后来因家人的坚持，改行当老师。当老师期间，她非常不快乐，心情很郁闷，又开始拼命吃巧克力蛋糕，结果体重大增，精力大衰。

当俱乐部了解了她的工作经历之后，给了她一份俱乐部的推广工作，这令她回想起鞋店的快乐时光，但她的情绪仍旧起伏不定，时好时坏，因此她的经理便给她一套励志录音带，要她每天听。没想到她的销售业绩及个人生活竟因此大获改善。

朗特丝向来对广播推销非常向往，有意向这个方向发展。但她中意的电台没有适合她的职位，也不愿给她面试机会。那时她已领会坚持到底的诀窍，便死守在总经理办公室门前，直到他适应让她面试为止。看到她的信心、决心、毅力及冲劲，经理终于点头，答应雇用她。一开始，她的表现就非常惊人，没过多久，便遥遥领先于其他同伴。

接下来是她的人生转折点：她跌断了腿，几个月之内都得打上石膏、拄拐杖，但她并没有停下来。12天后，她又回到电台，并雇了一

逆境生长，成就人生

名司机载她到各指定地点去。由于上下车对她实在很不方便，她开始利用电话进行推销和接订单，结果业绩竟大幅度地提高。

由于朗特丝一人的业绩比其他四名推销员的总和还高，他们于是向她讨教。朗特丝向来不吝与人分享资讯，因此便将自己的方法传授给其他销售员。

没多久，销售部经理辞职，大家便向上级请求，由朗特丝接任经理一职。

自从朗特丝捕获新职，她就更加兢兢业业，不但每天召开销售会议，还保持自己的业绩。虽然电台销售仅占市场的2%，但他们每个月的营业额仍由4万美元上升至10万美元，全年下来，共累积达27万美元！

广播电台的狄斯耐频道总经理听说这个电台听众最少，业绩却名列前茅，便邀请朗特丝到其城市主持研讨会。其实那时候，不管她到哪里，成果都相当显著，因为一旦有了凝聚信心的动机，再配合顾客至上的销售技巧，生意自然蒸蒸日上。

毋庸置疑，研讨会取得了非常了不起的成果，于是狄斯耐连锁电台因此聘请朗特丝担任整个连锁店的销售部副总经理。"全国广播协会"也邀请她到全国大会中对2000名听众发表一场演讲。虽然朗特丝从未有过演讲的经验，但她对自己及所学的技巧，都具有无比自信的心态。

她认认真真地准备讲稿，想象自己说话的样子，在心里想着听众对她的演讲报以热烈回响的情景。每演练完一次，她就给自己来个起

立鼓掌。

那一天终于到来。她准备了一大堆演讲稿，一切准备就绪。但是当她踏上讲台，眩目灯光却使她很难看清演讲稿。于是她依照心中的感想发表演说。听众如痴如醉，不断报以雷鸣般的掌声，并起立为她致敬。现场的景象与她心里所想象的完全一致。演讲完毕后，她立即受邀请前往全国18个城市开办研讨会。

经过不断的努力和奋斗，朗特丝成为全国知名的演说家、作家，她还成立了朗特丝推销与激励公司，亲自任董事长。她的朋友增多了，心态平和安宁，家庭关系融洽，她比以往更快乐、更健康、更富裕，也更稳定，对未来更是充满希望。

朗特丝的故事是非常美好的，尽管开始让人觉得很糟糕，但是只要你想要改变，就没有什么可以阻挡你。

也许我们很多人自身存在一些不足和危机，其实这都算不了什么，只要努力培养自己的积极心态，就可以大幅度摆脱和克服自身的危机而成就非凡。动机主要是指行动，但它就像一把火，需要时时添加燃料。负面思想就像地心引力，会拉着你往下掉，只要人一心想挣脱，便可不费吹灰之力向前迈进，最终取得成功。

逆境生长，成就人生

◎ 培养积极的心态

积极的心态并不能保证事事成功，但积极心态肯定会改善一个人的日常生活。可以肯定的是，与积极心态相反的心态则必败无疑，因为从古至今，从来没有消极悲观的人能够取得持续的成功。因此，我们必须拥有一种正确的积极的心态。

积极的心态是一种正确的心态，具有积极心态的人，总是有着较高的目标，不断地奋斗，以达到自己的目标。

培养积极之心是生命中最重要的一环。所谓积极之心，包括所有"正面"的特质，如自信、希望、乐观、勇气、慷慨、机智、仁慈及丰富的知识。对人生态度积极的人，必有远大的目标并为此不懈努力。

蒙利是以上理论的实践者。

蒙利想做薄饼生意，但每一个人都告诉他："你完全缺乏这方面的知识，你不可能成功。"但蒙利对这些议论不以为然，他排除万难，于1962年在密西根州开设了第一间"多棉劳"薄饼店。30年后，他在全球拥有5000多间分店，成为"薄饼大王"。

也许你现在已经确信一点，积极的心态与消极的心态一样，它们都能对你产生一种作用力，不过两种作用力的方向相反，作用点相同，这一作用点就是你自己。

所以，为了获取人生中最有价值的东西，为了获得自己家庭的

幸福和事业的成功，你必须最大限度地发挥积极心态的力量，以抵制消极心态的反作用力。虽然我们并不是从生下来那一刻起就有积极心态，但是我们却可以通过一些办法努力培养起来。

一般来说，培养积极心态可以参考以下八种方法：

1. 重视你自己的生命

不要说："只要吞下一口毒药，就可获得解脱。"不妨这样想，"信心将协助你渡过难关"。由于头脑指挥身体如何行动，因此你不妨从事最高级和最乐观的思考。人们问你为何如此乐观时，请告诉他们，你情绪高昂是因为你服用了"贝多芬"。

2. 不要躲起来

生活中发生变化是很正常的。每次发生变化，总会遭遇到陌生及预料不到的意外事件。不要躲起来，使自己变得懦弱。相反的，要敢于去应付危险的状况，对你未曾见过的事物，要培养出信心来。

3. 多与乐观者在一起

不要浪费时间去阅读别人悲惨的详细新闻。在开车上学或上班途中，听听电台的音乐或自己的音乐带。如果可能的话，和一位乐观者共进早餐或午餐。晚上不要坐在电视机前，要把时间用来和你所爱的人谈谈天。

4. 在你生活的每一天里，写信、拜访或打电话给需要帮助的某个人

向某人显示你的信心，并把你的信心传给别人。

5. 妥善利用星期天

把星期天变作培养"良好信心"的日子。到野外郊游，找一两个知心朋友小聚，看一本自己喜爱的书，和家人共进晚餐等，这些美好的情景都能帮助我们找回信心。

6. 从事有益的娱乐与教育活动

观看介绍自然美景、家庭健康以及文化活动的录像带；挑选电视节目及电影时，要根据它们的质量与价值，而不是注意商业吸引力。

7. 时刻保持健康的形象

在幻想、思考以及谈话中，时刻表现出你的健康状况很好。每天对自己做积极的自言自语。不要老是想着一些小毛病，像伤风、头痛、刀伤、擦伤、抽筋、扭伤，以及一些小外伤等。如果你对这些小毛病太过注意了，它们将会成为你"最好的朋友"，经常来向你"问候"。你脑中想些什么，你的身体就会再现出来。

8. 改变你的习惯用语

不要说"我真累坏了"，而要说"忙了一天，现在心情真轻松"；不要说"他们怎么不想想办法"，而要说"我知道我该怎么办"；不要在团体中抱怨不休，试着去赞扬团体中的某个人；不要说"为什么偏偏找上我，上帝"，而要说"上帝，考验我吧"；不要说"这个世界乱七八糟"，而要说"我要先把自己家里弄好"。

学会了以上八种方法，也许你已经愿意积极生活。当然这是个人的选择。如果你一旦作了积极的决定，即意味着日常生活中，到处都是机会。每次经验都是全新的开始，可用不同的想法和感觉去体会。

面对生活中源源不绝的挑战，在取得主动的地位后，便能镇定自若地调兵遣将，决定应付的方式和态度。

那些拥有积极心态的人，是积极主动的。他们不仅有选择、拒绝的能力，而且能够担负自己的责任，塑造自己的未来，发挥人性的光辉潜能，也只有这种人才能成为爱因斯坦、摩根、洛克菲勒等成大事者。而那些具有消极心态的人则是被动消极的，对将来总是感到失望，在他们的眼中，玻璃杯永远不是半满的，而是半空的。受消极潜意识和本能的盲目驱使，他们的一生碌碌无为，只能成为一个机械的而非积极主动的人，注定一无所成。

有些人虽然有积极的心态，但是一遇到挫折就会失去信心；他们不了解成功需要用积极的心态去不断尝试。

积极还是消极，全凭你自己决定。因为你是你自己的指挥官，没有任何人能命令，或以他的意志驱使你。一切主动权皆操之在你。

逆境生长，成就人生

◎ 用正确的态度引导自己

有时候积极思想之所以无效，是因为我们没有真正去实行这一原则。积极思想需要不断训练、学习及持之以恒。你只有保持一种态度，并乐意主动去实行，才能见成效。

积极的心态能吸引财富，但消极的心态只会适得其反。现在你可以从积极的心态出发，向前迈出你的第一步。这时你也可能受到消极心态的影响，当你距离到达你的目的地只不过一步之遥时，你却停下来了。

下面为大家讲述一个很好的故事，会给我们带来很大的启示。

罗斯毕业于麻省理工学院。据说，他已经把旧式探矿杖、电流计、磁力计、示波器、电子管和其他仪器结合成勘探石油的新式仪器。

1929年下半年的一天，罗斯在美国中南部的俄克拉荷马州首府俄克拉荷马城的火车站上，等候搭乘火车往东去。他正在为一个东方的公司勘探石油，已经在气温高达43摄氏度的西部沙漠地区，待了好几个月。

现在罗斯得知，他所在的公司因无力偿还债务而破产了。罗斯踏上了归途。他失业了，并且前景相当黯淡。

此时，消极的心态占据了他的内心。由于他必须在火车站等待

几小时，他就决定在那儿架起他的探矿仪器用以消磨时间。仪器上的读数表明车站地下蕴藏有石油。但罗斯不相信这一切，他在盛怒中踢毁了那些仪器。"这里不可能有那么多石油！这里不可能有那么多石油！"他十分反感地反复叫着。

没过多久，人们就发现，罗斯在俄克拉荷马城火车站登上火车前，把他用以勘探石油的新式仪器毁弃了，他也丢掉了一个全美最富饶的石油矿藏地。

不久之后，人们就发现俄克拉荷马城地下埋有石油，甚至可以毫不夸张地说，这座城就浮在石油上。罗斯就成了这个原则的活生生的证明：积极的心态能吸引财富，消极的心态会排斥财富。

对于罗斯来说，最重要的是对自己充满信心，因为这是成功的重要原则之一。很多时候，检验一个人的信心如何，看看在他最需要的时候是否应用了它。但是，由于失业，再加上他的消极心态，他不知道，自己一直寻找的机会就躺在他的脚下。所以，他不肯承认它，他对自己的创造力失去了信心。就这样，他失去了一次获得巨大财富的机会。

我们总是在意想不到的时候产生出不愉快的想法。所以，重要的是，我们不但要学会如何排除不愉快的想法，还要学会怎样把腾空了的地方装上健康而积极的念头和想法。

事业有成的比尔·盖茨仍潜心凝神地工作，目标是把微软的产品卖到全球每一个地方；迈克尔·乔丹成为篮球场上无敌的"飞人"，年薪上百万美元；白发斑斑的美国威斯康公司董事长萨默·莱德神采

逆境生长，成就人生

奕奕、永远年轻。他所领导的公司在美国拥有很大的名气……在这里，他们的身份各异，但是他们的态度却有着惊人的相似——认真地对待工作，百分之百地投入工作，从来没有想过要投机取巧，从来不会耍小聪明。

其实有时候，杜绝狡猾的手段，反而是一种极其聪明的做法。很多人就是因此取得了令人瞩目的成就。

"态度决定一切"，因此，可以肯定地说，人之所以能够成功，其最大的推动力之一就是：对工作负责，对顾客负责，对自己负责。从这里，也可以看出：责任观念是一切优秀事物的来源。做人是这样的，经营事业也同样如此。你恪守责任心，全面、谨慎地做好你的工作，你就会得到一切。

亚伯拉罕·林肯说过："人下决心想要愉快到什么程度，他大体上也就愉快到什么程度。你能够决定自己头脑中想些什么。你能控制着自己的思想。"

你想拥有幸福的人生吗？你想过上快乐的生活吗？也许很多人觉得这是很没趣的问题，这些是所有人都梦寐以求的，还用问吗？没错，人人都想过上美满富足的生活，但是请看看你现在对生命抱有的态度是什么样的。你是积极主动地创造生活，还是消极被动地混日子呢？在人生之路上，我们每个人都需要一种正确的态度来引导自己，监督自己，不停止前行的脚步，这样才有希望走到理想的彼岸。

◎ 积极心态能让你积极的生活

曾有许多人计划要攀登梅特隆山的北麓，一位记者对他们中的许多人都作了采访，只有一个人说出了"我要"，那个人是一个年轻的美国人。这位记者问他："你是不是要攀登梅特隆山的北麓呢？"这位美国人朝他看了一下，然后说："我要攀登梅特隆山的北麓。"最后只有一个登上了北麓。

他就是那位说出"我要"的人。因为只有他"看见了目标完成"。在任何一个行业，不管我们在寻找一个较好的工作、较多的财产、永久与快乐的婚姻，或者是所有这类的事情，我们都必须在达到想要的目标之前，先看见目标完成。

作为一个员工，如果你想获得加薪、在公司获得较大的机会、较好的职位、你梦想中的房屋等，安东尼·罗宾建议你仔细地重读这个故事。每天花几分钟遵守精确的步骤，这样你向往的那一天终会到来。那时候，你将不仅"看见的目标完成"，而且会"达到想要的目标"。

当你的眼睛看着目标时，达成目标的机会就会变得无限大。真的，不管你见到胜利或失败，这项原则都能适用。

在帆船时代，有一位船员第一次出海。他的船在北大西洋遭到了大风暴，这位船员受命去修整帆布。当他开始爬的时候，犯了一项错

误，那是向下看。波浪的翻腾使船摇荡得十分可怕。眼看这位年轻人就要失去平衡。就在那一瞬间，下面一位年纪较大的船员对他喊道："向上看，孩子，向上看。"这个年轻的船员果然因为向上看而恢复了平衡。

事情似乎不顺的时候，要先检查一下你的方向是否错误；形势看起来不利的时候，要尝试"向上看"，应用上面说过的原理，再加上我们下面的讨论的原理，你就会达到以上目标。

把目标适当地写在一张或多张卡片上。你要把它写得清清楚楚，以便于你阅读每一行中的每一个字。将这些卡片保存好，并随时把这些目标带在身边，每天都要复习这些目标。但别忘了，行动才是我们的目标。

当世界上最长的火车静止不动时，往它的八个驱动轮前面放一块小小的木头，就能使它永远停在铁轨上。而同样的火车在以每小时一百里的时速前进时，却能穿透五英尺厚的钢筋混凝土墙壁。这就是你的写照。请现在就鼓起勇气，开始行动吧，冲破介于你跟目标之间的种种阻碍与难关吧。

大多数目标的实现都需要你聚精会神地努力工作，有些目标的达成还要求你自身先发生某种改变，要求你掌握某些新的技能，要求你创造性地开展工作。在付出这些努力的时候，你或许会感到惊恐、感到是在冒险，或者感到过于艰难。然而，一旦你实现目标，无论这一目标是大是小，你的自信会更加充分，你的自尊会更加坚定，你的生活会更加丰富而充实。

这件事听起来如此非常简单，也许事实就是这样。然而尽管如此，我们还是要向你强调，必须将你的目标变得具体越明确越好。有这样一个例子：

吕贝卡告诉她的朋友："我的目标是减肥。"

她的朋友请她说得更具体一点儿，再多加一些描述性话语，使她的目标变得更精确、更明白。

她很高兴地说："好的。我打算减掉28磅的体重，并希望能保持这样的体型。可我现在又胖了起来，脂肪又堆在身上了。我好想找到一种方法，既不牺牲我对食物的爱好，又能改进我的饮食习惯，使我能长时期地保持良好的体形。我不愿意长久地对食物采取拒绝的态度，好像食物从此就变成了我的敌人似的。可我知道，这样做又是不妥当的。"

从吕贝卡的谈话里，我们知道她的具体目标是，减掉28磅的体重，保持良好的体型，养成科学的饮食习惯。

从上面的例子中，我们可以看出，我们完全可以用很多种方式来表述目标。而事实上，对目标的认识是否明确具体，将对随后的计划产生明显的影响。在吕贝卡的例子中，她因为有了具体的目标，所以她必须对饮食采取不同于以往的态度。可是，由于对饮食的偏爱，她又难以禁口，由此她陷入了"减肥"的怪圈。节食有利于减肥，她吃又必然导致增肥。陷入矛盾中的吕贝卡毕竟对自己还是负责的，她看出这种尴尬状况对自己的不利，于是想寻找一种折中的方法。吕贝卡的这种努力，有可能使她摆脱思维陷阱而最终实现自己的目标。可

是，我们周围仍有许多人却无法走出这种困境。

你也许已经领会出上述"思维陷阱"的含义，它主要是指你对自己的目标还缺乏明确的认识和清晰的理解的时候，思维所处于的那种混乱状态。你不可能借助外力或其他偶然的因素来理清混乱，一切得靠自己解决。你在任何时候都必须主动地掌握自己的命运，承担起自己应该承担起的责任。

要知道，成功从来都不是在偶然中获得的，而是通过自身清醒的努力换来的。所以，我们确定自己的目标、理清自己的思路就显得十分重要了。

从一开始，你就应该将具体而明确的目标不仅存于你的脑海中，还要写在卡片上，置放在你的案头。这样一种对目标的清晰认识，有助于你在计划阶段作出科学的规划。你还可以考虑将自己的计划告诉他人，这样可以迫使自己将每一个细节都思考清楚。你可以将更详细的计划写给自己看。

总之，请记住，具体的目标、积极的心态、持久的动力、充分的准备、可操作的方案，加在一起，才能保证我们实现目标。

第七章
突破平庸

　　你的未来曾经扑朔迷离，但从现在起变得清晰了。让你的个人意志在人生中作主，让人性的光辉照耀出你的生活坦途，其实很简单。让心灵开始行动，放飞你的理想。只要你能在心灵的鼓舞下勇敢前行，终有一天，你会超越平凡，摆脱平庸，走向卓越，甚至走向辉煌。

◎ 勤奋造就机遇

纵观这个世界上留存下来的辉煌业绩和杰出成就，无一例外都是来自于勤奋的工作，不管是文学作品还是艺术作品，不管是诗人还是艺术家。

越南有个叫哈奈尔的人，听说世界上有一种点石成金的神奇技术，于是他便把全部的时间、金钱和精力都用在了点石成金的实践中。不久，他花光了自己的全部积蓄，家中变得一贫如洗，连饭也吃不上了。妻子无奈，跑到父母那里诉苦，她父母决定帮女婿改掉恶习。他们对哈奈尔说："我们已经掌握了点石成金的技术，只是现在还缺少点石成金的材料。"

"快速告诉我，还缺少什么东西？"

"我们需要3公斤从香蕉叶下搜集起来的白色绒毛，这些绒毛必须是你自己种的香蕉树上的，等到收完绒毛后，我们便告诉你炼金的方法。"

哈奈尔回家后立即将已荒废多年的田地种上了香蕉，为了尽快凑齐绒毛，他除了种自家以前就有的田地外，还开垦了大量的荒地种香蕉。

当香蕉成熟后，他小心地从每张香蕉叶下搜刮白绒毛，而他的妻子和儿子则抬着一串串香蕉到市场上去卖。就这样，10年过去了，他

终于收集够了3公斤的绒毛。这天，他一脸兴奋地提着绒毛来到岳父母的家里，向岳父母讨要点石成金之术。岳父母让他打开了院中的一间房门，他立即看到满屋的黄金，妻子和儿女都站在屋中。妻子告诉他，这些金子都是用他10年里所种的香蕉换来的。面对满屋实实在在的黄金，哈奈尔恍然大悟。从此，他努力劳作，终于成了一方富翁。

其实，世界上没有像点石成金那样的致富捷径，你的努力和勤奋才会使你赢得梦寐以求的财富。

勤奋能加快实现才智。但傻瓜才喜欢速决：他们不顾障碍，行事鲁莽。智者常常由于遇事犹豫不决而失败。愚人干什么事都急匆匆的，智者干什么事都有条不紊。有时候事情尽管判断得对，但却因为疏忽或办事缺乏效率而出差错。常备不懈是幸运之母。该办的事立刻办，决不拖到第二天，这极为重要。有句话说得极妙，忙里须偷闲，缓中须带急。在聪明无法前进的地方，勤奋却能轻松地一跃而过。即使你是一个天资聪颖的人，也需要具备勤勉的精神。

只有去夺取第一，才能体现出你的优秀和独一无二的价值。这样，你的价值就可以得到双倍的体现。特别是在和其他竞争者差不多的情况下，你敢于夺取第一，就能够凸现出你的优势。有很多人本来能够在自己的事业中有独一无二的位置，但是他们没有使尽全力争取，结果让其他人走到了他们的前面。

在美国历史上，最感人肺腑、催人泪下的故事便是个人通过奋斗而获得成功的奇迹。许多成功人士均是先确立了伟大的目标，尽管在前进途中曾遇到过种种非常艰难的阻碍，但他们依然忍耐着，以坚忍

逆境生长，成就人生

来面对艰难，最后终于克服了一切困难，获得了成功。更有一些成功人士本来处于十分平庸的地位，依靠他们坚忍不拔的意志，努力奋斗的精神，结果竟跻身于社会名人之列。

如果你看了林肯的传记，了解他幼年时代的境遇和他后来的成就，会有何感想呢？他住在一所极其粗陋的茅舍里，既没有窗户，也没有地板；以我们今天的观点来看，他仿佛生活在荒郊野外，距离学校非常遥远，既没有报纸书籍可以阅读，更缺乏生活上一切必需品。就是在这种情况下，他一天要跑二三十里路，到简陋不堪的学校里去上课；为了自己的进修，要奔跑一二百里路，去借几册书籍，而晚上又靠着燃烧木柴发出的微弱火光阅读。林肯只受过一年的学校教育，处于艰苦卓绝的环境中，竟能努力奋斗，最终成为美国历史上最伟大的总统。林肯的事迹向我们表明，机会都是通过自身的奋斗创造出来的。

伟大的成功和业绩，永远属于那些富有奋斗精神的人，而不是那些一味等待机会的人们。应该牢记，良好的机会完全在于自己的创造。如果以为个人发展的机会在别的地方，在别人身上，那么一定会遭到失败。机会其实包含在每个人的奋斗之中，正如未来的橡树包含在小小的果实里一样。

卡耐基认为，一个人不应受制于他的命运。世界上有许多贫穷的孩子，他们虽然出身卑微，却能做出伟大的事业来。比如，富尔顿发明了一个小小的推进机，结果成了美国著名的大工程师；法拉弟仅仅凭借药房里几瓶药品，成了英国有名的化学家；惠德尼靠着小店里的

几件工具，竟然成了纺织机的发明者。此外，贝尔竟然用最简单的器械发明了对人类文明有巨大贡献的电话。

失败者的借口总是："我没有机会！"失败者常常说，他们之所以失败，是因为缺少机会，是因为没有有力者垂青，好位置总被人捷足先登，等不到他们去竞争。可是有意志的人决不会找这样的借口，他们不等待机会，也不向亲友们哀求，而是靠自己的奋斗去创造机会。他们深知，惟有自己才能给自己创造机会。

有人认为，机会是打开成功大门的钥匙，一旦有了机会，便能稳操胜券，走向成功，但事实并非如此。无论做什么事情，就是有了机会，也需要不懈努力，这样才有成功的希望。

人们往往把希望要做的事业，看得过于高远。其实，无论多么伟大的事业，只要从最简单的工作入手，一步一个脚印地前进，便能达到事业的顶峰。

如果你觉得自己是个天才，如果你觉得"一切都会顺理成章地得到"，那可真是太不幸了。你应该尽快放弃这种想法，一定要意识到只有勤奋的工作，才会使你获得自己希望得到的东西，在有助于成功的所有因素中，勤奋地工作总是最有效的。

即使有过人的才干，如果不采取任何有价值的实际行动，最终也会一事无成。斯迈尔斯曾经说过："就我所知，在任何的知识领域，从来没有哪一本书，或者哪一部文学作品，或者哪一种艺术流派，其创造者没有经过长期艰苦的创作就获得了流芳百世的名声。天才需要勤奋，就像勤奋成就天才一样。"

◎ 改变你的观念

在现代文明的大都市中，生活着非常野蛮的人，他们处处得罪人，处处让人厌烦。让人不可接近的人是毫无自知之明、毫无自制力的傻瓜，他们一开口就让人生气，这样的人根本无法获得别人的尊敬和欢迎。

看到这样的人往往让人联想到动物园的野兽。周围的人靠近他的时候就如同靠近野蛮凶残的老虎一样，为了避免被他人伤害，手中紧紧握着一根鞭子。这样的人做事根本不择手段，为了获得更高的位置，他们可以奉承每一个人。但是等他如愿以偿后，他会对每一个人不恭。他们刻薄尖酸，狂妄自大，这样他们成为每一个人的敌人。

其实，我们不是没有办法对付这样的人，只要我们完全不理会他们，不要和他们发生任何关系，就可以彻底摆脱他们，和值得你交往的人往来。

也许有人知道，很多传统说法中包含了永恒的智慧。从早到晚，不管阴天还是晴天，也不管我们身体如何——可能会牙疼、头疼或者心脏出现毛病——我们每天都必须到达指定的地方，并开始做安排给我们的工作。而且只有在坚持干上8到10个小时后，休息才显得格外甜美惬意。

不管我们做什么事情，都是因为我们付出了辛勤的劳动，承受了

单调乏味、日复一日的工作，才培养起这种种的优秀品质——专心致志、毫不拖延、精益求精、坚定不移、隐忍执着、坚韧不拔等，而正是这些品质最终奠定了一个人成功的基石。

一位在保险公司作培训的讲师说："我来内地之后，总感觉人们的观念落后一拍，在生意场上，内地之所以竞争不过特区，不是因为别的，而是输在观念上。"

她还说："在深圳，讲师刚提出一个问题，下面就会争先恐后地站出来一大批学员抢答——不管对错，先争到发言机会再说——每个人都侃侃而谈，不在意别人怎么看。但在其他地方，讲师要再三鼓励才行，有的直到点名才无可奈何地站起来发言，而且表达起来也没有底气。不用说到生意场上拼打了，光凭这一点就已经分出高下了。"

为什么会出现这样的情况呢？其中最主要的原因是因为他们缺乏主动性，还有一部分原因可能是因为其他地方的人缺少锻炼，腼腆、怯场，他们总认为那是大家的事，与自己无关，缺乏参与的动力和积极性。

除了在课堂上人们会缺乏积极性的表现外，在我们身边，一直都存在很多这样的例子，大家遇到事情，就采取消极退缩、与己无关的态度。我们许多人，做事情时老是觉得我们是为别人做的——这是上级安排下来的，那是老板吩咐的，我们是为别人做的，我们只不过是执行任务而已。总之，事情不是"我"的，"我"是在为别人做事。试想，一般人给别人做事，态度怎么会积极呢？所以，敷衍应付，最终常常做不好，结果惹得别人不开心，最后又怨天尤人，觉得这个世

界对自己不公。

不仅仅是做事，而且在做人上，这些人也有这种消极的心理：把自己的命运、自己的前途寄托在别人身上，结果一开始就把自己摆在了一个附属的地位上，靠别人的赏识，甚至施舍寻找出路。这是一种典型的弱者心态。这就好比是一个士兵还没有上战场，就先把自己摆在弱者的地位上，这场战争还没开始，就有人先认输了，哪有什么进行下去的必要呢？

有人曾经将人才分两类：

第一类是自用之人，靠自己，开创事业；

第二类是被用之人，靠别人发挥自己的能力和专长，赢得事业。但无论是哪一类人，自信和主动都不可或缺，否则，恐怕就是没有用的人，只剩下自怨自艾的份儿了。

要想事业有成，下面的观念是必不可少的：

1. 要管理好自己的时间，不浪费时间，并且将它利用好，这是对自己负责任的表现。

2. 要勇于做事，并且为自己的行为负责，无论行为的结果是什么，都要有承担责任的勇气。只有这样，才能为自己争取到机会。

3. 要树立明确的目标，设想在今后获得哪一方面的专长，并不断寻找机会，使自己的专长得到发挥。

在我们的生活中，很多人常常无缘无故地讨厌某些人。不愿意与他们有接触，甚至不愿意多说一句话，甚至了解了他们的具体的品行之后，仍然对其有一种无端的厌恶之感。如果有人问为什么，他们也

答不出来，也许最合适的答案就是直觉。

但是这种讨厌并不是一种好现象，我们不是干涉人们讨厌某人和喜欢某人的自由，而是觉得有些讨厌是没有必要的，甚至会影响到自身。有时候，他们厌恶的还是那些出类拔萃的人物。这样的缺点必须克服，你要学会时常提醒自己，讨厌好人和有能力的人是大错而特错的，这个世界上没有化解不了的仇怨，况且他们和你无怨无仇，凭什么要怨恨他们呢？

要知道，能结识优秀而杰出的人物首先就是一种幸运。其次，与之保持融洽的关系会显得你很有远见卓识。如果你以怨恨之心对待他们，疏远他们，那么你可能会损失很多自我提高的机会。

人们因为活得太过自我，所以才会出现很多错误的观念，影响到自己的成长和发展。人的性格和习惯是日积月累形成的，一般来说很难改变，但是人的观念是可以改变的，知道哪些对自己有利，哪些对自己有害，自然就会倾向于好的方面。

◎ 不要让性格束缚自己的发展

在人的一生中，性格对人的影响是至关重要的。大凡成功的人，就是因为对自己性格的认识足够清晰，所以即使在其他条件不是很成熟的情况下也取得了成功，应该说，优秀的性格比有才气和博学都重要。

在人们的意识里，一直都觉得性格是一种神秘的东西，但事实并非如此。我们平时所说的某人有"良好的性格"，实际上是指他已经发挥出他自己创造性的潜力，并且能够表达他"真正的自我"。

理智型性格的人都不喜欢争名夺利，成名获利之后，又不爱居功自傲，恃财欺人。他们深谙"谦受益，满招损"的道理，认为有福不可享尽，有势不可用尽，谨言慎行。理智型性格的人多是辅佐之才，即使登顶，有时也是情非得已，被推上领导者的位置上的。

华盛顿是美国第一任总统。在当时那种特定的历史条件下，20岁的华盛顿担任了弗吉尼亚民兵团指挥官，43岁荣膺大陆军总司令，在1781年的约克敦大战，华盛顿又大获全胜，至此，他一跃而成为各州拥戴的领袖。有军方人士乘机进言，敦促华盛顿登上国王宝座。

但是，对于华盛顿来说，要王冠，还是要民主共和，成了两难选择，是选择一己私利，还是选择万民福祉。最终，理智的华盛顿选择了后者。他功成身退后，向大陆会议奉还总司令的职权，随后返回乡

下的老家。

后来，主持起草美国的《独立宣言》的杰斐逊评价说："一个伟人的节制与美德，终于使渴盼建立的自由免于像其他革命那样遭致扼杀。"

1789年1月，当华盛顿归隐数年后，他却以无可争议的全票当选为首任总统。面对如此荣耀的冠冕，华盛顿并没有表现得兴高采烈，踌躇满志。相反，当他离开庄园去纽约赴任时，竟然发出"犹如罪犯走向刑场"的感叹。

在华盛顿看来，民众的热情是如此空前高涨，合众国的前途又是如此变幻莫测，假使自己的尝试失败，势将成为历史的罪人。因为理智的性格，所以他走得小心翼翼，每迈一步都如履薄冰，不敢得意忘形。

美国宪法规定当选总统任期四年，准予连选连任，没有上限。所以，4年任期结束后，华盛顿打算急流勇退，但是却没有拗得过选民们，1792年，他又以全票当选为第二任总统。

鉴于华盛顿的彪炳业绩和崇高威望，世人普遍认为他会终身连任。但他最终选择主动卸任，让位于亚当斯，为政坛民主更迭树立了良好的先例，从此连任止于两届（罗斯福任四届是基于第二次世界大战的特殊背景）。

应该说，华盛顿是理智性格达到最为完美的人物，这种性格不但在他活着的时候做出了很好的表现，就是在他弥留之际，他还要求人们要合乎常礼地安葬自己，而且仅仅要故乡弗农山庄的一抔黄土、一

座契合他淳朴风格的陵墓。人们无一不为其伟大的举动而感到深深的敬意。

理智的性格不仅使华盛顿赢得了世界人民的敬仰，也可说其性格得到了完美的展示。不仅国外有这样成功的先例，在中国这样的例子也比比皆是。比如，汉代萧何、明代刘伯温、清代曾国藩等在其理智性格支配下，不仅功成身退，赢得了盛誉，也了却了帝王的担忧，从而达到明哲保身的目的。

"良好的性格"与"抑制的性格"是一枚硬币的两面。有不良性格的人不会表达出创造性的自己，他抑制了自己，铐住了自己，上了锁并且将钥匙丢掉。"抑制"这个词，字面上的意思是指停止、避免、禁止、约束。"抑制的性格"会约束真正自我的表达，由于某种原因，他害怕表达自己，害怕成为真正的自己，而将"真正的自我"囚禁在内心的监牢里。

抑制的症候有很多，种类也很繁杂，如害羞、胆怯、敌意、神经过敏、过分罪恶感、失眠、紧张、易怒、无法与人交往，等等。

困扰是具有抑制性格的人在各方面活动的特征，而他真正的基本的困扰是在于他无法"成为自己"，在于他无法适当地表达自己。但是这个基本的困扰很可能渗入他所作的每一件事情里面。

"抑制的性格"会阻碍人们获得成功，"良好的性格"则能促使人们走向成功。而性格不是深藏于人体内不可改变的天性，这关键要看人们是否具备坚强的决心与毅力。

在现实生活中，那种想做就做、敢作敢当、雷厉风行，敢于打破

传统、突破常规、有新想法、新思维的人，都非常受人们欢迎，甚至是很多人学习的榜样和偶像。这种人是人们心目中的英雄，也是各行各业中的佼佼者。

这样的人，拥有一种果敢的性格。这样的人，他们在处理事情的时候，会看时机。一件事情的时机是否成熟，是做这件事情的关键。所谓成熟的时机，就是为完成一件事情已经具备了的天时、地利、人和的条件，是成功地完成这一件事的充分必要时机。不成熟的时机，是为完成一件事情所需的天时、地利、人和，三者缺一或者缺二，或三者皆不具备，也就不具备完成这一事情的时机和状态，所以就不会采取行动，还会继续等待时机成熟。

当然，有人可能要问，做一件事情，如果时机成熟，谁都能看到，如果很多人一拥而上，就会出现僧多粥少的局面，到时候如何确保自己可以获利呢？

果敢型性格的人之所以可以赢得成功，就是因为他们懂得如何避免僧所肉少的现象。因为他们善于抓住不成熟的时机，在机会不是完全成熟的时候，他们会先行一步，赢得主动，占据有利位置。一旦时机成熟，他们就会先发制人，最终赢得全局。要知道，敢为的人，总是做人无我有、人有我精的事情，这是他们的强项。因为只有这样，才会减少竞争，才不会被动，才能永远领先于他人，才能赢得胜利。

与敢为人先相反的一种性格就是胆怯。胆怯者，是被自己的新风险束缚住的人，他们的最大弱点是畏惧冒险。因为凡是有这种性格的人总是打着"稳"字招牌，缩手缩脚，瞻前顾后，结果一事无成。

所以，我们不要做胆怯之人，那样只会让自己与成功失之交臂，我们要让自己变得勇敢，变得果断，多做一些有益于形成良好性格的事情，尽快帮助自己塑造出一种好的性格，让自己的生活和事业都可以顺风顺水，然后尽情享受其中的幸福和喜悦。

第七章　突破平庸

◎ 多给自己一些期望

苏霍姆林斯基说过："在人的心灵深处，都有一种根深蒂固的需要，这就是期望自己是一个发现者、研究者、探索者、成功者。"

每个人都期望自己能够成功。这种心理品质虽然很可贵，但有的人却将其埋藏得很深，这样的人一遇到挫折就会畏缩，期望成功的心理之门就会上锁，难以成功。所以，要想成功，就要让自己"期望成功"的大门永远敞开。

有一个小女孩边用头顶着鸡蛋边想："太好了，鸡蛋卖掉了，就可以再买更多的鸡蛋，鸡蛋会生鸡，鸡又会生蛋，蛋生鸡，鸡生蛋，换了很多很多的钱之后，买了一个农场，买了农场之后就可以养牛、养鸡、养羊、种苹果，成为一个农场的主人，过着幸福快乐的日子……"当她正得意洋洋地想的时候，突然"啪"的一声，整筐鸡蛋掉在地上，她的一切梦想，在一瞬间都变成了泡影。

鸡蛋的破碎打破了她美丽的幻想，但是这也给她带来了美好的期许。她决定拿出一些实际行动，来改善她的人生，改善她的生活品质。她开始思考，她到底要成为一个什么样的人？做一番什么样的事业？过一个什么样的生活？开一些什么样的车子？交一些什么样的朋友？这从而使她对以后的生活产生了巨大的影响。

那么，我们有没有想过，我们未来的生活是什么样呢？

10年前，你还记得你在做什么吗？当时有没有人问过你，10年后你的理想是什么？你的回答也许很多很多，然后10年后的今天，你所作的承诺兑现了吗？假如没有的话，再请你想一想，10年后你要做什么？你会努力去实现吗？

你的人生中有多少个10年？我们每个人都心知肚明，其实10年就是眨眼间，如果你虚度一个又一个10年，那么你这辈子就在平平淡淡中浪费了你的生命。所以，千万不要幻想；千万要下定决心，因为你所作的决定决定了你的人生。

面对挫折也是这样，"我想走出挫折"和"我一定要走出挫折"也是不一样的，这就要看你是怎么对待的。如果方向错了，那恶魔结果也一定不如意。

有一个人，在公交车上遇到一个妇人和一只狗，不巧的是，这只狗还占了一个座位，他因不忍疲倦，所以便开口跟那位妇人说："可不可以把你的狗的座位让给我？"

那个妇人装作没听到。那个人开始有点不高兴了，但还是再问了一遍："可不可以把你的狗的座位让给我？"这回，这个妇人拼命地摇头。

那个人的火一下子大了起来，便把这只狗丢到了车窗外去。

此时，有人说道："不对的是那个妇人，而不是那只狗。"

其实，在现实生活中，有很多人都跟那个将狗丢到车窗外的人一样，犯了方向性的错误。在盛怒之下，对错误的对象发脾气，不仅无法改变现状，也往往伤害到无辜的人。狗只是听主人的话，它只是奉

命行事，并没有错。真正错的是那位妇人，但是这种错却要由狗来承担。

仔细想想，在我们的工作中，有许多小职员只是奉命行事，而他们并不具有对事情的决定权，真正有决定权的是他们的上司，但却常常遭到不明究理的无情指责或者辱骂，不仅无法让事情解决，也让小职员们委屈万分。

每个人的心中都有一杆秤，有人用金子当作秤砣，有人用权势当作秤砣，却极少有人用心当作秤砣。当我们遇到挫折的时候，请用你的心作秤砣，看看错在哪里？其实，要明白以下两点就可以了。

1. 要增强"期望成功"的自我意识

自主地唤起自己的求胜心理，当自己取得暂时的成功时，不要满足于现实，而要产生新的不成功，由成功到不成功，再由不成功到成功，从而使人的好胜心理的发展不断上升。

2. 要增强自信心

在走向成功的道路上，人们肯定会遇到磨难，一定要树立起自信心，"期望成功"的欲望才会持久。一个人的心中一旦有了期望，就会产生动力。期望越大，动力也就越大。但是，我们也不能忽略和期望相反的"失望"。要知道，失望是生活中常有的现象。有人能较快地克服失望情绪，有人却长期为失望情绪所羁绊。

人一旦被失望的情绪束缚，无法重拾信心，以后将很难取得成功，所以必须克服失望，使自己走出失望的阴影，重新建立希望，赢得自信。那么，怎样克服失望情绪呢？

逆境生长，成就人生

1. 坚信"失败是我需要的，它和成功一样对我有价值"

这是爱迪生的名言。失败是一种"强刺激"，对有志者来说，往往会产生增力性反应。失败并不总是坏事，也没有什么可怕的。面对失败，不能失望，而是要找出问题症结，寻求进取之策，不达目标不罢休。

2. 期望应该具有灵活性

生活中，不要把期望凝固化。期望不只是一个点，而应该是一条线、一个面。这样的好处是：一旦遇到难遂人愿的情况，我们就有思想准备放弃原来的想法，追求新的目标。当然，这不等于"见异思迁"。比如，你去剧场听音乐会，你原先以为自己喜爱的歌唱家会参加演出，不料他因病不能演出，你当时会感到失望。如果你这时将期望的目光投向其他歌唱家时，你就会抛弃失望情绪，逐渐沉浸在艺术美的境地中，内心充满欢悦。

3. 期望应该具有连续性

世界上固然有一帆风顺的"幸运儿"，而更多的却是"命途多舛"、历尽艰辛的奋斗者。爱迪生发明灯泡先后试制了一万多次，无疑，在这个试制过程中至少也失败了万把次。倘若爱迪生不把自己发明灯泡这个期望，看成是一个连续的过程，不要说一万次失败，就是一百次失败也足以使他望而生畏，知难而退了。要提高克服失望情绪的能力，就要增强自己承受挫折的耐力。

4. 脚踏实地地追求奋斗目标

如果我们对外语一窍不通，却期望很快当上外文小说翻译家，岂

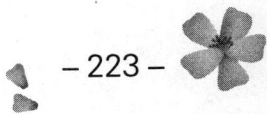

不自寻失望？有些人平时学习成绩平平，却想进重点大学深造，结果难免失望。事情的发展结果同你原先的期望不符合，期望越是过高，失望越是沉重。

我们应该追求同自己的能力相当的目标。有时候，目标虽然同自己的能力大小相符合，但由于客观条件的影响，也会招致失望情绪，这时更应注意调整期望值，减少失望情绪。

逆境生长，成就人生

◎ 走出犹柔寡断的误区

世间最可怜的人就是那些举棋不定、犹豫不决的人。因为优柔寡断可以败坏一个人对于自己的信赖，也可以破坏他的判断力，并大大有害于他的全部能力。

优柔寡断的人，有了事情，不自己想办法，而是一定要去和他人商量，自己的问题要完全取决于他人。这种人，主意不定、意志不坚，既不会相信自己，也不会为他人所信赖。

更有甚者，他们已经优柔寡断到无可救药的地步，他们不敢决定种种事情，不敢担负起应负的责任。之所以这样，是因为他们不知道事情的结果会怎样——究竟是好是坏，是吉是凶。他们常常对今日的决断产生怀疑，甚至使自己美好的梦想陷于破灭。

决策果断、雷厉风行的人也难免会发生错误，但是他们总要比一般简直不敢开始工作、做事处处犹豫、时时小心的人来得强。因此，对于渴望成功的人来说，犹豫不决、优柔寡断是一个阴险的仇敌，在它还没有伤害到你、破坏你的力量、限制你一生的机会之前，你就要即刻把这一敌人置于死地。不要再等待、再犹豫，决不要等到明天，今天就应该开始。要逼迫自己训练一种遇事果断坚定的能力、办事迅速果断的能力，对于任何事情切不要犹豫不决。

当然，对于比较复杂的事情，在决定之前需要从各方面来加以

权衡和考虑，要充分调动自己的常识和知识，进行最后的判断。一旦决策，就要断绝自己的后路。只有这样做，才能培养成坚决果断的习惯，既可以增强自信，同时也能博得他人的信赖。

有这种习惯后，在最初的时候，也许会时常作出错误的决策，但由此获得的自信等种种卓越品质，足以弥补错误决策所可能带来的损失。

有个人，无论做什么事情，他从来不把事情做完，都会给自己留着重新考虑的余地。比如，当他写信的时候，如果不到最后一分钟，就决不肯封起来，因为他总担心还有什么要改动。我时常看见他，把信都封好了，邮票也贴好了，正预备要投入邮筒之时，又把信封拆开，再更改信中的语句。

在他身上，有一件很搞笑的事情。有一次，他给别人写了一封信，然后又打电报去叫人家把那封信原封不动立刻退回。由于他这种犹豫不决的习惯，使他很难得到其他人的信赖，所有认识他的人，也为他感到可惜。

有一个妇女，她要买一样东西，于是把全城所有出售那样东西的商场都跑了一遍。当她走进一个商店，便从这个柜台，跑到那个柜台，从这一部分，跑到那一部分。当她从柜台上拿起货物时，会从各方面仔细打量，看了又看，心中还不知道喜欢的究竟是什么。她看了又看，还会觉得这个颜色有些不同，那个式样有些差异，也不知道究竟要买哪一种是好。她还会问各种问题，有时问了又问，弄得店员十分厌烦，结果，她竟一样东西也没买。

对于一个品格完善的人来说，这种犹豫寡断实在是一个致命的打击。凡有此种弱点的人，从来不会是有毅力的人。这种性格上的弱点，可以败坏一个人的自信心，也可以破坏他的判断力，并大大有害于他的全部精神能力。

一个人的才能与果断决策的力量有着密切的关系。人的一生，如果没有果断决策的能力，那么你会像深海中的一叶孤舟，永远漂流在狂风暴雨的汪洋大海里，无法到达成功的彼岸。

对很多人来说，犹豫不决的痼疾已经病入膏肓，这些人无论做什么事，总是留着一条退路，决无破釜沉舟的勇气。他们不知道如果把自己的全部心思贯注于目标是可以生出一种坚强的自信的，这种自信能够破除犹豫不决的恶习，把因循守旧、苟且偷生等有碍成功的意念，全部清除掉。

无论当前问题有多么严重，你都应该把问题的各方面顾到，加以慎重地权衡考虑，但你千万不要陷于优柔寡断的泥潭中。你倘若有慢慢考虑或重新考虑的念头，你准会失败。如果你有这样的倾向，你应该尽快将其抛弃，你要训练自己学会敏捷果断地作出决定。即使你的决策有一千次的错误，也不要养成优柔寡断的习惯，因为这样比失误更难以获得成功。

优柔寡断的人在进行决策时，总是逢人就要商量，即便再三考虑也难以决断，这样终至一无所成。如果你养成了决策以后持之以恒、不再更改的习惯，那么在作决策时，就会运用你自己最佳的判断力，很容易取得成功。

◎ 为自己的理想增加动力

在现实生活中，有一种错误的说法，至少可以说其是不符合实际的，那就是，有一些人主张，应当"少谈理想，多讲些实际"。要知道，生活中的那些强者、那些成功者、那些优秀的人，他们的成就都是由良好的心态而产生的。所以，理想是成功的前提，是必不可少的一个环节。

罗杰·罗尔斯是美国历史上第一位黑人州长，这位黑人州长出生在纽约臭名远扬的大沙头贫民窟。很久以来，出生在这儿的孩子长大后很少有人获得大的成就。更可悲的是，他们甚至连一份很体面的工作都无法找到。

可是罗杰·罗尔斯是许多孩子当中的例外，罗杰不仅考入了大学，而且成为了历史上第一个黑人州长。

在一次记者招待会上，罗尔斯对自己的奋斗史只字不提，当别人问他成功的经历，他也只是说了一个人名字——皮尔·保罗。

很多人都不知道这个陌生的名字，但是有一位记者知道，罗杰所说的名字正是他小学的老师，也是他所在学校的校长。

那一年，皮尔被聘为诺必塔小学的校长。当他走进那所小学时，他发现这儿的孩子都很迷惘，每个孩子都有一种消极的情绪藏在心里，而且大部分孩子都非常顽皮。罗杰在学校里是非常出名的一个小

孩子，因为罗杰比其他孩子更加顽皮。

有一次，罗杰在皮尔面前用双手搞一些小动作，皮尔没有生气，只是对罗杰说："我一看到你修长的手指，就知道你将来会当上州长。"罗杰听到皮尔的话非常吃惊，因为长这么大，只有他的奶奶对他说过一句令他非常振奋的话，说他长大后，可以做一名非常出色的船长，拥有一艘5吨重的船只。所以，皮尔说他可以当上州长这句话，深深地记在了罗杰的心里，并且对此深信不疑。因为他知道，皮尔不会骗他。

此后，罗杰一直都在为成为州长努力奋斗，他开始慢慢地改变自己，改掉了从前的所有恶习。后来，罗杰经过40年的奋斗，实现了他的愿望，当上了州长。

对于自己的成功，罗杰这样说："在这个世界上，信念这种东西任何人都可以免费获取，所有成功者最初都是从一个小小的信念开始的。"

我们之所以会失败，是因为真正所缺的是那些能从信念中产生出力量。这种力量，它不但能使罗杰·罗尔斯这样的学生从一个小混混变成一个州长，也能使爱迪生为了找到做灯丝的材料，面对1600多种材料和几千次试验均失败这样一个结果，面对别人的嘲笑，仍坚信自己的信念，终成为大发明家。也许爱迪生产生的信念不是来自谁的教育、赏识和激发，但是他和罗杰一样，他们的成功，除了仰仗不懈的坚持和努力之外，还有信念在为他们指引方向。

当然，人们决不能只凭理想生活，那样的理想就是幻想。雨果说

过："人有了物质才能生存，人有了理想才能生活。你要了解生存和生活的不同吗？动物生存，而人则生活。"但是，人要有理想，而且要使理想成为现实，这就需要付出艰苦的努力。列夫·托尔斯泰也说过："理想是指路明灯。没有理想，就没坚定的方向；没有方向，就没有生活。"

带上你的理想，坚定你的信念，向着你梦想的地方，起航！

逆境生长，成就人生